AF390108

LA VIE

ET LES

MÉMOIRES

DE

PILATRE DE ROZIER,

Écrits par lui-même.

LA VIE
ET LES
MÉMOIRES
DE
PILATRE DE ROZIER,

*Écrits par lui - même ; & publiés
par M. T * * *.*

A PARIS.

Chez {
L'Éditeur, rue saint Martin, en face de
celle du Cimetière, maison d'un Maître
en Pharmacie.
Belin, rue saint Jacques.
Bailly, Barriere des Sergens.
Mérigot, vis-à-vis l'Opéra.

1786.

AVANT-PROPOS

DE L'ÉDITEUR.

C'EST de M. Pilatre que je tiens les Mémoires ci-joints ; ils font écrits de fa main, à l'exception de celui fur les gaz que j'ai rédigé, & qu'il a revu lui-même. Son intention étoit que je les fiffe paroître dans un recueil de mémoires favans ; mais qui n'a pu être imprimé par des raifons particulieres. Il s'eft écoulé du tems, & la mort eft venu le furprendre. Les Affiches de Paris, du 14 Août 1785, ont annoncé

que j'avois dans les mains plufieurs mémoires de M. de Rozier,
& perfonne ne les a réclamés :
enfin., je me fuis adreffé à fa
famille ; elle a applaudi au def-
fein que j'avois de les faire im-
primer, & j'ai cru que l'on ne
devoit pas en priver le public.

Quoiqu'une partie de la vie de
M. Pilatre me fût connue, je
n'ai pas laiffé de recueillir le plus
de matériaux qu'il m'a été poffible, & comme je n'ignore pas
que l'Ecrivain, qui peut trahir la
vérité, fouille fa plume, & fe
dégrade lui - même ; j'ai dit ce
que j'ai fu, toutefois avec dé-
cence. J'ai fait connoître mon

doute, lorsque je n'avois que des probabilités, & j'ai donné pour certain ce qui m'a paru l'être. Telles ont été mes intentions, & telle a été la tache que je me suis imposée; c'est à d'autres qu'il appartient de juger si je l'ai remplie.

LA VIE

DE

PILATRE DE ROZIER.

Jean-François Pilatre de Rozier, naquit à Metz en Lorraine, le 30 Mars 1757. Ses premières années n'annoncent rien de remarquable; il fut, dans sa jeunesse, ce que sont presque tous les enfans; étourdi, dissipé, & préféroit ses jouets à toutes choses. Son père, homme honnête, quoique peu fortuné, désira le faire étudier. De Rozier avoit alors environ neuf ans; il entra, dit-on, au Collége

A

Royal de St. Louis, à Metz, & commença ses études.

Lorsqu'il eut atteint sa quinzième année, l'on songea à lui donner un état ; l'on décida qu'il s'appliqueroit à la Chirurgie, & dès-lors il fut admis dans le nombre des Elèves qui suivent les traitemens à l'Hôpital de Metz. Soit assiduité, soit intelligence de sa part, il ne tarda pas à se faire aimer des hommes à talens, qui y professoient la Chirurgie.

Cependant, le goût ou la sensibilité du jeune de Rozier, répugnoient aux opérations chirurgicales, sur-tout à celle de la dissection ; ce qui le détermina, malgré les petits avantages que lui avoient déja attirés son zèle & son application, à se porter vers une nouvelle branche d'étude, celle de la Pharmacie ; il entra chez Mr. Thirion, Maître en cet Art, & prit, dans les livres de ce Chymiste, les premières

[3]

notions d'une Science qu'il a tant aimé
dans la suite. De Rozier, à cet âge ,
connoiſſoit déja les moyens de ſe con-
cilier la bienveillance de ceux qu'il
vouloit intéreſſer. Une circonſtance le
conduiſit chez M. le Duc de la R****,
qui alors étoit à Metz ; il ſut en obtenir
des témoignages de bonté , & bientôt il
eut l'avantage de l'accompagner dans
les fréquentes herboriſations , que faiſ-
ſoit M. le Duc aux environs de cette
ville. A l'étude des plantes ſe joignoit
celle des minéraux , & de Rozier , ſe
livrant avec avidité au plaiſir que lui
inſpiroit tout ce qui lui dévoiloit des
phénomenes de la nature , rapportoit
chez ſon pere quantité de pétrifications ,
de morceaux de mines, qu'il entaſſoit &
conſervoit précieuſement (1). C'eſt ſans
doute de cette époque qu'il faut dater

____

(1) Sa mere poſsède encore beaucoup de ces
pétrifications qu'il a recueillies.

A 2

le défir du favoir qu'il a développé & montré depuis. Car, à cet âge on ne devient point favant ; mais de légères impreffions, des goûts foibles peuvent légitimer ou fortifier des penchans, qui, dans la fuite, fe changent en paffions.

Après avoir demeuré trois ans chez M. Thirion, de Rozier en fortit & retourna chez fon père. La vivacité de fon caractère ne lui permettoit pas de refter oifif, il fe livroit à la diffipation. Un jour, qu'il s'étoit fecrètement muni d'un fufil, & avoit été à la chaffe fans la permiffion de fes parens, il fut querellé à fon retour. Soit qu'il redoutât le courroux de fon pere, ou qu'il defirât s'affranchir de la gêne qu'il éprouvoit, il concerta, avec un de fes jeunes camarades, qui, apparemment auffi, étoit mécontent de la maifon paternelle, le projet de venir à Paris. Ces Meffieurs trouvèrent les moyens de fe procurer

quelqu'argent, avec leurs hardes, &,
fans avertir leurs parens, ils les quit-
terent & firent route vers la Capitale.
De Rozier, comme on le prévoit, avoit
déja quelques connoiſſances de Chymie;
il fallut donc, arrivé dans cette Ville,
chercher à en tirer parti. Il entra ſuc-
ceſſivement chez pluſieurs Maîtres en
Pharmacie ; mais alors il paroît que ſon
zèle pour l'étude ſe rallentit. Il étoit
dans cet âge où les paſſions fermentent,
où l'on eſt entraîné par ſes ſens ; eh !
comment, ſans guide & ſans expérience, un jeune-homme pourroit-il, en cet
état, ſe gouverner lui-même ? Ce n'eſt
pas que de Rozier s'oubliât, il avoit
aſſez appris pour ſavoir s'eſtimer : mais
il ne connoiſſoit pas les hommes, & ſes
talens étoient trop foibles pour qu'il pût
en tirer avantage. Il ignoroit encore ce
que peut la prévoyance, & quel eſt l'empire de la néceſſité ; eh ! voilà toujours

ce qu'à dix-huit ans l'on ignore ! L'école du malheur est celle des grands hommes, a-t-on dit ; peut-être faudroit-il ajouter qu'elle est aussi celle des grands talens. Que ceux qui se targuent de ne l'avoir jamais connu ont tort de s'en prévaloir ! Ce n'est qu'à ce prix que l'on peut apprécier les hommes, & peut-être devenir sage. On fait mal ce qu'on n'apprend que par théorie, & la meilleure éducation pourroit bien n'être pas la plus soignée. De Rozier apprit à discerner les hommes qui savent juger de ceux qui ne sont que les instrumens des circonstances ; il apprit à les aimer & à s'en défier : ce fut alors qu'il s'apperçut que l'intérêt, l'amour-propre & le plaisir sont les puissans mobiles qui les gouvernent tous ; qu'il acquit cet art nécessaire, & dont il sut faire un bon usage dans la suite, de traiter chaque individu comme il veut l'être ; il connut aussi ce que peuvent l'aménité & la douceur; à chaque inſtant il en donnoit des preuves, dans les dernieres années de ſa vie.

L'occaſion eſt tellement puiſſante, que celui qui ſait la mettre à profit triomphe tôt ou tard d'un ſort injuſte. Des raiſons de commerce conduiſirent de Rozier chez un Médecin, eſtimé par ſes talens & par ſes mœurs (M. de V*); il ſut l'intéreſſer en ſa faveur : cet homme honnête l'accueillit, le protégea, & lui donna dans la ſuite ſon amitié.

Une ſeule connoiſſance ſuffit pour influer ſur le ſort d'un jeune-homme ; & de Rozier, ſe voyant reçu dans la maiſon de M. de V*. , ſentit renaître en lui l'amour de l'eſtime ; l'envie de s'avancer, de paroître dans le monde, s'empara de ſon ame ; encouragé par ſon protecteur, il ſe livra au travail avec une ardeur infatigable, & ce fut vers ce temps, c'eſt-à-dire, en 1776 , qu'il quitta la pharmacie pour s'abandonner

A 4

à l'étude ; il desira s'appliquer à la fois à plusieurs sciences ; bientôt on le vit étudier avec succès les Mathématiques, l'Histoire Naturelle, la Physique & la Chymie. Il fréquenta les Cours publics ; son activité croissoit avec ses progrès : mais, obligé de pourvoir à ses besoins, il entreprit quelques parties de commerce que son intelligence lui suggéra, il subvenoit ainsi à ses dépens, & ne devoit qu'à lui le soin de son existence.

Néanmoins, à vingt ans l'on ne sait pas tout encore ; les desirs sont vifs, on cherche le plaisir & plus d'une fois, après l'avoir goûté, de Rozier eut occasion de connoître les désagrémens que souvent il entraîne après soi. Alors il revenoit à l'étude, il la chérissoit davantage, & ce zèle, pour la science, ne tarda pas à le faire remarquer de ses Professeurs ; leur bienveillance lui suscita de nouveaux efforts & accéléra ses progrès ; il étudioit beaucoup : mais une

perte qui dût lui être senfible, l'inter-
rompit au milieu de fes travaux, & les
fufpendit pour quelques inftans. M. de
V*. mourut; &, voulant encore en fes
derniers momens, donner à de Rozier
une marque certaine de fon affection,
il le recommanda à fa famille, & exigea que déformais fon époufe lui fer-
vît de mere.

La veuve permit au jeune-home de
continuer à venir dans fa maifon; elle
l'encouragea, le confeilla, le traita
comme fon propre fils; & c'eft à cette
femme refpectable que de Rozier doit
fon avancement. Ah! combien les confeils d'une femme eftimable peuvent
devenir précieux à un jeune homme!
Celle-ci ne négligea rien pour aiguil-
lonner le courage de fon protégé; elle
vit en lui ce defir ardent de profpérer,
cet amour de l'élévation, qui menent
aux grandes chofes, & elle lui offrit
tous les fecours dont il pouvoit avoir

beſoin. Alors de Rozier commençoit à connoître la Phyſique, & voulut donner publiquement des notions de cette Science. Madame de V. permit qu'il ſe ſervît des inſtrumens de ſon époux ; &, pour la premiere fois, à l'âge de vingt-deux ans ou environ, de Rozier parut & profeſſa : ce fut au Marais qu'il tint ſes premieres ſéances. Ceux qui aiment à connoître les développemens de l'eſprit & qui ſavent ce que peuvent le travail & une ardeur infatigable, ne ſeront pas fâchés, peut-être, d'avoir une idée des connoiſſances du jeune Profeſſeur.

S'il faut en croire le Docteur Chappon, qui y aſſiſta, & duquel j'ai le rapport ſous les yeux, tracé de ſa main ; voici comment ſe paſsèrent les premieres & ſecondes ſéances.

» On m'entraîne au Marais, dit le » Docteur, j'arrive : auſſi-tôt, le Pro- » feſſeur m'ayant apperçu, fait déplacer

» du monde, en me qualifiant du titre
» de Physicien ; titre , cependant, au-
» quel je ne prétends point. L'objet de
» la leçon étoit le fluide électrique ; les
» expériences réuffiffant mal, je me
» mis en devoir d'être utile, & tout
» alla tant foit peu mieux. Il y avoit à
» cette féance beaucoup de Dames,
» qui trouverent cela charmant. Je re-
» tournai à une feconde leçon, mais je
» gardai l'anonyme ; elle étoit fur l'at-
» traction. *Qu'eft-ce que l'attraction ,*
» *felon notre jeune Phyficien ?* Le
» voici : ces paroles, ajoute le Docteur,
» font encore préfentes à ma mémoire.
» *Mefdames* (c'eft de Rozier qui parle),
» *je ne vous répéterai point ici ce que vous*
» *pouvez lire dans de très-bons livres, &*
» *que néanmoins vous comprendrez diffi-*
» *cilement ; tout cela ne pouvant vous con-*
» *venir , je vais vous faire une comparai-*
» *fon qui va vous rendre l'attraction fen-*
» *fible : fuppofez, Mefdames , par exem-*

» ple, que je fuſſe entre deux de vous,
» auſſi aimables que vous l'êtes, il faudroit
» néanmoins que mon cœur choisît. Eh
» bien, l'attraction peut me porter plutôt
» vers la Dame qui occupe ma droite, que
» vers celle que j'ai l'honneur d'avoir à ma
» gauche ; je ſuis mon penchant, j'obéis
» à mon inclination, je m'abandonne à
» l'amour qu'elle m'inſpire ; voilà, Meſ-
» dames, ce que c'eſt que l'attraction. »

Cette maniere de profeſſer, il faut
en convenir, pourroit bien n'être pas
du goût des Savans ; mais notre Phy-
ſicien n'avoit pas les prétentions du ſavoir, &, pour me ſervir de ſon expreſ-
ſion, « *Il ſuivoit ſon penchant.* »

Néanmoins, Madame de V., voyant
l'activité de ſon protégé ſe ſoutenir, ne
laiſſoit pas, en rempliſſant les dernieres
volontés de ſon époux, que de s'intéreſſer
à ſon propre ouvrage : de Rozier, guidé
apparemment par la reconnoiſſance, dé-
ſira ſolliciter la main de cette Dame :

elle avoit une fille ; en rejettant la pro-
position du jeune-homme, elle lui fit
entrevoir qu'il pourroit un jour épouser
cette unique héritiere. Elle mit ainsi un
prix aux travaux de celui qu'elle encou-
rageoit, en préparant à sa fille un époux
digne de toutes deux ; & pour donner à
de Rozier une preuve plus certaine de
son affection, elle consentit à faire les
déboursés d'une charge qu'il ambition-
noit, laquelle étoit alors vacante, dans
la maison d'une Princesse, placée par
sa naissance auprès du Trône, & que
ses qualités personnelles rendent encore
plus chere à ceux qui font assez heureux pour l'approcher ou pour la connoître. Ce fut au mois de Décembre
1779, que M. Pilatre eut cet honneur.

Dire combien il y fut sensible, c'est
ce qu'on n'entreprendra pas de révoquer
en doute : mais dire quels furent ses
sentimens filials & l'attachement vif

qu'il confervoit pour fa famille , dans un tems où il avoit déja fu mettre une diftance confidérable entre elle & lui, c'eft ce que peu de perfonnes retrouveroit en leur ame. Un jour qu'il étoit au milieu d'une fociété agréable , à l'un de ces dîners charmans, où l'élégance, l'efprit & la beauté femblent fe difputer la palme du plaifir, on lui apporte une lettre ; on lui permet de l'ouvrir, il lit : fa main tremble, il pâlit, il lui échappe des larmes ; on feint de ne pas s'en appercevoir : il veut faire un effort fur lui-même & déguifer fa douleur ; mais fon fein ne peut la contenir, il perd connoiffance ; on lui donne des fecours, il revient à lui ; on le queftionne, il avoue enfin que fon pere eft dangereufement malade. Il demande la permiffion de fe retirer , prend la pofte fur le champ, & fe rend à Metz. Il arriva affez tôt pour embraffer fon pere ; il lui rendit tous les foins d'un tendre fils : mais la mort

étoit inévitable, &, deux jours après
son arrivée, il le vit expirer dans ses
bras. Cette perte l'affecta vivement ;
cependant, lorsqu'il eut un peu rap-
pelé sa raison & rendu le calme à une
mere qu'il chérissoit également, il revint à Paris s'acquitter des devoirs qu'il
avoit à remplir.

Suivons-le maintenant dans ses travaux. Nous l'avons vu, il n'y a qu'un
moment, bégayant pour ainsi dire la
science ; mais que ne peut un zele ardent & soutenu ! la Société d'émulation
de Reims avoit besoin d'un Professeur
de Chymie ; elle s'adressa à M. Sage,
de l'Académie des Sciences, & voulut
s'en rapporter à lui pour le choix d'un
sujet. Ce Chymiste distingué, qui regardoit M. de Rozier comme son éleve,
le désigna pour occuper cette place ; &,
sans doute, il seroit difficile de présumer que le choix de ce Savant eût pu

tomber sur une personne incapable de la posséder (1).

Néanmoins, il est certain que le nouveau Professeur éprouva bientôt quelques tracasseries ; avoit-il tort ? étoit-ce déja un effet de l'envie ? C'est ce que je ne puis décider.

Quoi qu'il en soit, il ne tarda pas à être fait Intendant des Cabinets de Physique, de Chymie & d'Histoire Naturelle de MONSIEUR, Frere du Roi. MADAME voulut bien le nommer aussi Secrétaire de son Cabinet. Enfin, environ un an après l'acquisition de sa charge, il s'en défit, & conçut le projet du Musée qu'il établit ; vers la fin de l'année 1781, rue St. Avoie, sous

-----

(1) L'analyse chymique d'une composition de couleur, appelée *Prune de Monsieur*, qui fut faite dans le tems qu'il occupoit cette chaire, & dont le mémoire est ci-joint ; est, ce me semble, bien propre à prouver qu'il en étoit digne.

la

la protection du Prince Augufte, & de l'illuftre Princeffe que nous venons de citer.

Arrêtons - nous un moment pour confidérer combien l'état & les diverfes fituations dans lefquelles un homme fe trouve, influent fur fon efprit & fur fes talens. De Rozier, ignoré, éleve en Pharmacie, privé de l'appui de fes parens, n'étoit, ne paroiffoit, au moins, qu'un homme ordinaire, rempliffant à peine fes devoirs. Des rapports d'Etat le font connoître à un homme qui le protége, qui ranime en lui cette eftime de foi-même, fi néceffaire aux mœurs & aux grandes actions; de Rozier entrevoit la poffibilité de triompher de l'infortune, il s'enflamme pour les Sciences, &, dirigé par les confeils d'une honnête femme, il marche à la célébrité, s'acquiert la protection d'un grand Prince, & paroît dans le monde avec écla

B

N'allons pas conclure de-là, cependant, que tous les individus sont ce que les circonstances les obligent d'être ; il faut, avant tout, se rendre propre à ce que l'on se propose, il faut des notions générales sur ce que l'on a besoin de savoir ; des organes mobiles, suite des passions vives ; une ardeur invincible, dirigée vers un seul & même but ; tels sont, je le présume, les causes premieres des grands talens & des grandes réputations. Le hasard, l'occasion, peuvent y avoir beaucoup de part, sans doute ; mais, tôt ou tard, celui qui est dévoré de l'envie de réussir, s'il a de la capacité, parviendra au but qu'il se propose.

L'inertie est le tombeau des talens ; M. de Rozier le savoit, & il seroit difficile d'être plus actif qu'il ne l'étoit. Jeté dans un monde poli, où règne l'esprit & le goût, tout lui offroit & lui rappeloit ce charme, ces agrémens, qu'il avoit trouvés dans la conversation

de M. le Duc de la R. ; sa modestie &
son zele le rendoit intéressant, il le savoit, il redoubloit de soin, & l'on eût
dit que, chaque jour, il se levoit pour
jouir. On demande sans cesse où est le
bonheur ? Peut-être le trouveroit-on
quelquefois dans le laboratoire d'un Savant, ou dans l'attelier d'un Artiste. Le
Musée fournissoit à M. Pilatre l'occasion de se lier avec quantité de personnes, distinguées par leur naissance,
& avec quelques autres, estimées par
leurs talens ; & l'on ne peut douter qu'il
ne fût très-sensible à ces avantages.

Quelques personnes seroient peut-
être tentées de croire, qu'en cet état
M. Pilatre avoit oublié sa famille, né-
gligé ses premiers amis, & pouvoit
rougir en secret lorsque des circonstances imprévues les conduisoit en sa
présence ? Non : il savoit mieux apprécier la fortune ; il savoit qu'elle n'est
souvent que le don du hasard, & il étoit

incapable de s'en énorgueillir. S'il re-
chercha les faveurs de l'inconſtante
Déeſſe, c'étoit pour être utile aux ſiens,
pour ſoutenir une famille peu fortunée,
pour n'être point oublié & dédaigné
lui-même au centre des arts & du luxe;
pour avoir la douce ſatisfaction d'offrir,
à une mere qu'il chériſſoit, le prix de
ſes travaux. Il veilloit, en homme de
mœurs, ſur deux ſœurs, jeunes encore;
à l'une, il faiſoit une penſion, à l'autre,
il prodiguoit des ſoins & des conſeils,
& s'occupoit de l'avancement de toutes
deux : voilà ce que perſonne ne peut
nier, ce qu'avoue ſa famille, ce qu'at-
teſtent ceux qui l'ont connu. Non ſeu-
lement il chériſſoit ſes anciens amis,
mais on l'a toujours vu recourir aux
hommes éclairés, ſous leſquels il avoit
d'abord étudié, dès qu'il s'agiſſoit d'un
avis important. Les mœurs, comme on
le voit, étoient chez lui compagnes des
talens. Que ces ames froides & petites,

incapables d'un oubli & d'une action
noble, répètent (pour s'estimer quelque chose) que les hommes à talens con-
noissent d'ordinaire assez peu les mœurs
& les devoirs, que la vanité de ces êtres
médiocres les abuse ainsi ; mais il n'en
sera pas moins vrai que le génie s'énor-
gueillit des vertus comme de la gloire.

M. de Rozier a eu l'honneur, le premier, d'établir en France un Musée des
Sciences, & d'en être appelé, à juste
titre, le fondateur ; cet établissement
est assez beau, sans doute, assez intéressant pour illustrer, en quelque sorte,
la mémoire de celui qui l'a créé, n'eut-
il fait que cela ; mais il a d'autres droits
à l'estime publique, & l'un des princi-
paux, est le zèle qu'il a eu pour les Sciences & pour les découvertes : « J'avouerai
» sans peine qu'il n'a pas occupé un
» rang entre les Savans du premier
» ordre ; [a dit un Homme de Let-

» tres (1)] mais je crois pouvoir ajou-
» ter qu'il ne lui a manqué que de
» vivre encore quelque tems pour l'ob-
» tenir, & emporter la reconnoissance
» publique. » Les Mémoires, transcrits
ci-après, confirmeront sans doute ce
qu'avance cet Ecrivain. Je regrette de
ne pouvoir présenter ici la lettre d'un
Magistrat, à qui le public de cette Capitale a dû si long-tems la tranquillité
& l'ordre (M. Le Noir) ; cette piece
authentique attesteroit jusqu'à quel
point M. Pilatre se dévouoit aux Sciences & à l'utilité publique.

Lorsqu'il se fut livré à des travaux
sur les gaz, & qu'il crut avoir des moyens
pour descendre & agir dans des fosses
d'aisances méphitisées ; il demanda de

------

(1) M. Rœderer, Membre de la Société royale
de Metz, dans un discours lu à cette Société.

de tous côtés si l'on ne pouvoit lui en indiquer, en assurant qu'il y descendroit sans danger. Cette assertion, de la part d'un homme, jeune encore, fut regardée d'abord comme le produit d'une imagination échauffée; on se refusa à ses instances, par la crainte qu'il ne pérît au milieu des émanations. Le desir de réussir lui fit croire aussi-tôt que ses ennemis s'opposoient à ses succès; il s'adressa à M. Le Noir, alors Lieutenant-Général de Police; il lui écrivit qu'il le prioit de seconder ses intentions, & de lui faire savoir où se trouveroient dorénavant des cloaques dangereux, afin qu'il pût s'y transporter, & mettre en usage l'appareil qu'il venoit d'imaginer. Ce sage Magistrat loua son zele, & lui répondit qu'il le feroit avertir dès que l'on en découvriroit.

M. de Rozier ne cessoit de s'enquêter de part & d'autre si l'on ne trouvoit point de fosses qui fussent méphitisées.

Un jour il apprend que , dans la rue de la Mortellerie , quelques hommes viennent d'être renversés sur le bord d'un de ces cloaques. Il y court : on refuse de le laisser opérer de crainte qu'il ne périsse ; mais , sans perdre de tems , il se transporte chez M. Le Noir , & sollicite la permission d'expérimenter : ce prudent Magistrat donne des ordres , & le fait accompagner par un de ses Officiers. M. Pilatre , arrive enfin au lieu où est la fosse ; on allume des bougies , on les y descend ; mais elles ne s'éteignent pas : or , le méphitisme est dissipé , conséquemment point d'expérience à faire ; & l'infortuné de Rozier retourne chez lui la tristesse dans l'ame , en accusant le sort !

Quelques jours après il fut plus heureux ; il se présenta un puits méphitisé , sur le bord duquel un ouvrier venoit d'être suffoqué ; M. de Rozier y courut avec son appareil, descendit dans le puits

à

à l'aide d'une corde, & y resta environ trois quarts d'heure. C'est dans ces momens où il jouissoit le moins de sa gloire, qu'il ne fut pas le moins intéressant pour la société; son but étoit de préserver de la mort les malheureux ouvriers que leur état oblige de travailler dans des lieux infects. Cette intention étoit louable, l'on en conviendra sûrement; & il falloit tout son courage pour se livrer aux expériences qu'exige ce genre de travail. On verra, dans les mémoires ci-après, combien de fois il exposa sa vie, & altéra nécessairement sa santé pour venir à bout de ce qu'il desiroit.

Des hommes tels que lui sont précieux pour la société ; il ne l'ignoroit pas, & c'est apparemment le sentiment de sa propre estime qui, dans un moment où il jouissoit de sa gloire, lui fit tenir ce discours à un ami : « j'ai fait des » expériences importantes sur les gaz, » disoit-il un jour, j'ai inventé un mas-

» que anti - méphitique ; je suis resté
» ignoré , & ma découverte a été né-
» gligée : maintenant que j'ai navigué
» dans les airs , j'ai des honneurs & des
» pensions , & l'on daignera peut-être
» profiter de mon utile invention. »
Ce zele , dira-t-on , cet amour de la
science , étoit celui de la gloire ; « &
» il faut convenir qu'il n'y étoit point
» insensible , a dit M. Rœderer (1),
» mais il sembloit n'en vouloir que
» pour la rapporter aux sciences , &
» donner plus d'autorité aux décou-
» vertes utiles qu'il se sentoit capable
» de faire. Il avoit reconnu que les dé-
» couvertes utiles , mais peu brillantes,
» sont long-tems négligées , à moins
» que leur auteur ne leur attire les re-
» gards du public par un nom imposant;
» & qu'ainsi , l'intérêt des sciences elles-

---

(1) Discours que je viens de citer.

» mêmes contraint à l'ambition de la
» gloire ceux qui leur rendent le culte
» le plus défintéreffé. » Malgré cet
amour de la gloire, il ne paroît pas qu'il
fût tourmenté par l'envie ; & ce qui
donne beaucoup de poids à ce que dit
M. Rœderer, c'eft qu'on a vu M. de
Rozier accueillir fucceffivement & louer
avec enthoufiafme toutes les découvertes intéreffantes ; &, c'eft un fait authentique qu'il fembloit acquérir un ami
dans l'auteur d'une utile invention ; &
quoiqu'il aimât la gloire, il paroiffoit
n'en être que plus atttentif à rendre à
chaque Savant l'hommage qui lui étoit
dû. « Ce n'étoit pas affez, pour M. de
» Rozier, de le vanter de déployer
» avec pompe le prix de fon travail [a
» dit M. Le Noir(1)]; il devenoit fon

____

(1) Profeffeur au Mufée, dans fon difcours fur
M. Pilatre.

C 2

» difciple, entroit avec lui dans la car-
» riere, non comme un antagonifte,
» mais comme un ami qui craint que
» fon ami ne tire pas un affez grand
» parti de fon invention, & qui, plutôt
» que de lui voir rien perdre de fes
» juftes prétentions, confent à devenir
» l'inftrument paffif de fa célébrité. »

Ce fut au mois de Juin 1783, que fe répandit la nouvelle de la découverte de MM. Mongolfier, il en parla dès-lors avec enthoufiafme, & fut un des premiers à folliciter que l'on répétât cette belle expérience. Après qu'on eût lancé le premier aéroftat au Champ de Mars, il propofa, dans le Journal de Paris, de s'élever lui-même, à l'aide de quelques agens qui le fufpendroient à un ballon ; ce projet fut d'abord regardé comme impoffible pour ne rien dire de plus, & conféquemment il fut rejeté. C'eft dans ces entrefaites que parut, dans cette Capitale, l'un des Mrs. Mongolfier. M. Pilatré le prévint, fit valoir la découverte de ces Savans, &, de concert avec celui-ci, il tenta d'exécuter ce projet, jugé impraticable par tant de gens, & ridiculisé par tant d'autres. On se souvient des expériences faites chez M. Réveillon, où la mongolfiere, accompagnée d'une galerie, étoit, en s'élevant, retenue par des cordes ; tout Paris y courut : & ce fut le 15 octobre 1783, sur les cinq heures du soir, que, pour la premiere fois, l'on vit un homme assez hardi pour se suspendre seul à un fragile aéroftat, qu'un coup de vent ou le feu pouvoit détruire, & s'élever dans les airs à la hauteur de trois cents pieds ou environ. Bientôt après il eut pour compagnon M. Giroud de Vilette, & ensuite M. le Marquis d'Arlandes.

Pendant plusieurs jours cette expérience fut répétée (1), mais l'on devoit peu s'attendre que quelques femaines après, M. Pilatre auroit l'audace de sélever & de s'abandonner dans les airs; c'eft ce qui arriva le 21 octobre fuivant, au château de la muette, en préfence de Monfeigneur le Dauphin & de fon Alteffe Royale Madame, Fille du Roi. Quelques perfonnes avoient pénétré fon fon fecret; mais la chofe fe prépara fans

---

(1) On a rapporté, comme un fait certain, qu'au moment de l'une de ces expériences, une Dame inconnue avoit tiré M. de Rozier à part, & lui avoit remis un paquet, avec défenfe de l'ouvrir que lorfqu'il feroit élevé dans la mon-golfiere; M. Pilatre promit, accepta le paquet, & monta dans la galerie. Au milieu de l'expé-rience, il ouvre le paquet, & trouve deux pif-tolets feulement. L'expérience finie, il fait cher-cher la Dame qui prenoit tant d'intérêt à fa gloire; il s'enquête de toutes parts : mais elle avoit dif-paru.

bruit & fe fit fans intérêt , autre que celui de la gloire. Parmi les perfonnes de diftinction qui s'y rencontrerent, étoient Monfeigneur le Duc d'Orléans, alors Duc de Chartres , M. le Duc de Polignac, M. le Duc de Guines, M. de Vaudreuil, M. Franklin, &c . . . . ; depuis deux ou trois jours, on guettoit cette expérience, que des vents extraordinaires avoient forcé de fufpendre ; ce qui fut caufe qu'elle ne pût être affez fecrette pour empêcher qu'il ne s'y rendît beaucoup de monde. La mongolfiere fut difpofée dans la matinée, & remplie à midi ; chacun étoit dans l'attente & fe taifoit ; l'on appréhendoit & l'on defiroit de voir ce départ extraordinaire (1) : la mongolfiere s'élevoit encore avec des cordes, lorfqu'on donna

____

(1) Au moment de cette expérience, M. Pilatre reçut encore deux balles de piftolet, de la même Dame.

le signal de les abandonner toutes ; mais un Ouvrier, qui avoit mal entendu l'ordre, arrête l'une d'elles, veut retenir la mongolfiere, & y fait une déchirure considérable. Il fallut redescendre & raccommoder l'aéroſtat. Près de deux heures furent employées à réparer ce léger accident ; l'on commençoit à s'impatienter. M. le Duc de Chartres s'approcha de l'aéronaute, & lui dit à demi-voix : *on ne partira pas ? Je vous demande pardon, Monseigneur*, répliqua ſur le même ton l'intrépide de Rozier. Il remonte dans la galerie, accompagné de M. le Marquis d'Arlandes, & dit que l'on coupe les cordes. On reſte incertain ; l'ordre s'exécute ; le ballon s'éleve, nos aéronautes ſaluent, l'on y répond avec tranſports par les plus vifs applaudiſſemens ; les voyageurs ſont déja ſuſpendus dans les airs, ils impriment dans tous les cœurs une frayeur intéreſſante ; des larmes coulent, on tremble pour leurs jours ; mais déja ils atteignent la nue , & chacun les admire en silence : l'œil étonné estime la distance qui les séparent de la terre , & toutes les ames frémissent. Cependant, Monseigneur le Duc de Chartres, monté sur un superbe cheval , précédé de quelques coureurs, & suivi de plusieurs personnes de tout rang & de tout état, fendoit l'air, & désespéroit de suivre la marche de nos chers & trop intrépides navigateurs ; ils étoient à trois mille pieds de haut ou environ ; un léger nuage se rencontra sur leur route & passa sous leurs pieds : alors on vit enfin des hommes au-dessus des nues, qui contemploient avec étonnement le spectacle imposant de la nature. « M. le Marquis, » nous allons passer la riviere, dit M. » Pilatre à son compagnon de voyage, » (la mongolfiere faisoit écho) M. le » Marquis , si vous eussiez apporté

» votre flûte, on pourroit en jouer (1). »
Bientôt ils furent stationnaires près de
cinq minutes ; M. Pilatre s'occupoit du
réchaud ; en attisant le feu, son croc se
rompit : " M. le Marquis, jetez donc
» de la paille. » Ils étoient alors au-
dessus du Fauxbourg St. Germain, &
descendoient considérablement ; mais le
feu bientôt est ranimé, ils s'élevent de
nouveau : un vent propice les conduit,
& la nature entiere semble s'intéresser
à ces audacieux, & veiller sur leur sort.
Enfin, ils gagnent la terre aux Boule-
vards neufs, & se reposent sur la Butte
aux Cailles, près le Moulin des Mer-
veilles & le Moulin vieux, à cinquante
toises de l'un & de l'autre. Ce voyage
dura vingt minutes : à leur descente,
nos voyageurs étoient seuls, le feu étant

____

(1) Je tiens ce récit de la bouche même de
M. de Rozier.

considérablement diminué, la mongolfiere étoit privée d'air raréfié; la toile
s'abaissoit, & faisoit craindre que le feu
ne l'atteignît; ils furent obligés de la dé-
tacher pour éviter tout accident (1) : &
pendant qu'ils étoient ainsi occupés, ar-
riverent d'abord des personnes qui ser-
virent d'aides, & successivement M. le
Comte de Laval, & des Couriers de
M. de Polignac, enfin, Monseigneur
le Duc de Chartres, qui, mettant pied
à terre aussi-tôt, voulut embrasser les
Voyageurs.

---

(1) On répétoit ce jour-là de toutes parts que
la mongolfiere avoit été en partie incendiée, &
que M. Pilatre en avoit souffert. Le lendemain
dès le matin, arrive chez lui, un très - grand
Seigneur, qui, empressé, le croyant un peu brûlé,
l'examine; s'extasie: « ah ! & l'on m'avoit dit que
» vous aviez une face & les sourcils brûlés ! Vous
» le voyez, dit M. Pilatre, en se montrant mieux,
» l'on m'a fait mort & brûlé, heureusement je ne
» suis ni l'un ni l'autre. »

Quoique cette expérience ait été la premiere où l'on ait vu deux hommes au-deſſus des nues & planant dans les airs, le public ſembla néanmoins n'y pas attacher un intérêt pareil à celui qu'il fit éclater pour une ſeconde expérience à laquelle il contribua, & qui fut faite le premier décembre ſuivant au jardin des Tuileries, avec bien plus d'importance ; tant il eſt vrai que la modeſtie obtient rarement ce qui lui eſt dû. Cependant quelques perſonnes à la tête deſquelles étoient M. le Roi de l'Académie des Sciences, M. Faujas de St.-Fond, &c., formerent une ſouſcription, pour faire frapper des médailles en l'honneur de MM. de Mongolfier & des deux premiers voyageurs.

C'eſt en ce temps que ſe faiſoit ordinairement l'ouverture des ſéances du Muſée, elle eut lieu cette année le 9 décembre. La porte d'entrée étoit illuminée en verre de couleurs, l'affluence des Souscripteurs & des Curieux étoit grande ; toutes les salles étoient pleines & ne suffisoient pas ; quantité de personnes de distinction honorerent la séance, & l'assemblée fut brillante autant que nombreuse. Après quelques expériences de physique, qui furent faites par M. de Rozier ; il respira du gaz méphytique & parut n'éprouver d'autre incommodité, qu'une légere toux. Après cela une symphonie se fit entendre, & des Musiciens chanterent une Ode à la louange de M. de Mongolfier : alors son buste présenté & exécuté par M. Houdon, fut exposé en présence de l'assemblée, & couronné au bruit des fanfares, par la main de Madame la Princesse de Bourbon. L'on tira ensuite un feu d'artifice, & dans les différens jeux qu'il offrit, on vit paroître ensemble les deux lettres *M*, *C*, initiales de *Mongolfier* & de *Charles*. Cet emblême, offert au Musée un jour

de fête, fembleroit indiquer qu'en fe-
condant de tout fon pouvoir l'Auteur
de la découverte, M. Pilatre ne laiffoit
pas d'applaudir aux fuccès de l'heureux
Imitateur. Mais ce qu'il y eut de fin-
gulier dans ce gala des Sciences, c'eft
qu'il arriva, ce qui fi fouvent a lieu en
pareille occafion ; que le moment où le
public applaudit aux efforts du génie,
n'eft pas toujours le moment où celui
que l'on fête eft le plus heureux ; ainfi,
pendant que l'on couvroit de fleurs le
bufte du célebre M. de Mongolfier, il
étoit lui-même oublié, confondu parmi
la foule, dans l'une des dernieres falles
du Mufée. Il eft à préfumer cependant
que ceci ne fut qu'un oubli, puifque
M. Pilatre étoit l'ami de ce Savant.

Malgré de brillans fuccès, obtenus
en qualité de Voyageur aërien, M. de
Rozier n'oublioit point qu'il avoit fait
des tentatives heureufes fur les gaz mé-
phytiques, & que le procédé qu'il avoit

découvert pourroit un jour être utile ;
ce fut vers ce tems qu'il obtint du gouvernement, des hommes qui furent
confiés à ſes ſoins, pour qu'il les inſ-
truiſît comment il faut ſe comporter
dans les cloaques, & comment on peut
y pénétrer ſans danger. Les premiers
eſſais furent ſatisfaiſans, & à l'aide du
maſque anti-méphytique, décrit ci-
après, l'on vit ſes éleves agir librement
dans les lieux les plus infects, & l'un
d'eux y reſter environ une heure &
demie ſans en être incommodé. Mais
une circonſtance inattendue vint tout-
à-coup interrompre ces utiles eſſais ;
M. de Mongolfier l'aîné, frere de celui
qui étoit à Paris, conſtruiſoit déja une
mongolfiere dans la ville de Lyon.
Quelques ſpéculations de commerce,
avoient d'abord été le principal but de
cette entrepriſe ; mais bientôt l'on chan-
gea d'avis & l'on manda M. Pilatre,
afin qu'il donnât le plan d'une galerie

& qu'il la fît exécuter ; il se rendit aux intentions des citoyens de cette ville & partit pour Lyon. Cependant il quittoit son Musée, où il étoit désiré & nécessaire ; il y professoit la physique, & ses souscripteurs le virent s'éloigner avec peine. A son arrivée à Lyon, il fut obligé de faire des changemens à la mongolfiere, après quoi l'on tenta une premiere expérience le 10 janvier 1784. Mais l'affluence du peuple fut telle, qu'il fut impossible de rien exécuter & l'on remit l'expérience aux jours suivans. Le 15, la mongolfiere étant parfaitement en état, on fit une tentative qui réussit. Mais il étoit alors presque nuit, & conséquemment impossible de commencer un voyage. M. Pilatre avec cette aménité, cette douceur qui lui étoient naturelles se concilioit les suffrages ; on le voyoit publiquement dans les momens où la mongolfiere exigeoit des travaux & des soins, courir, voler presque,

presque, donner des ordres, & travailler lui-même avec une activité incroyable; il étoit aimé en public & accueilli
dans les maisons particulieres.

Dans la nuit qui suivit cette derniere
expérience, il tomba de la pluie & de
la neige, la terre en fut couverte & la
mongolfiere très-mouillée; M. de Rozier commençoit à s'impatienter, il
vouloit revenir à Paris où il étoit attendu, mais il espéroit y revenir dans
la mongolfiere par un vent favorable,
tel avoit d'abord été son projet. Chaque
jour on faisoit des gageures pour &
contre, non-seulement à Lyon, mais
aussi à Paris, & presque par-tout le
royaume; en outre le Musée redeman-
doit vivement son chef. Enfin l'on ré-
solut, malgré le mauvais tems, de recommencer l'expérience le lendemain.
Les toiles de la mongolfiere étoient
imbibées d'eau, l'on voulut accélérer
l'ascension force de feu : mais la partie

supérieure de la mongolfiere s'enflamma, & il fallut, avant tout, réparer ce danger. Alors les habitans de Lyon commençoient à railler ; les saillies, les épigrammes, étoient décochées de toutes parts, M. de Rozier vouloit revenir à Paris, nos Physiciens étoient dans le désordre ; cependant le zele se ranima, & la mongolfiere se réparoit avec la plus grande célérité, & pendant que les ardens Coopérateurs travailloient, les brocarts & les pointes venoient les assaillir. Parmi ces plaisanteries, on distingua quatre vers adressés à M. le Comte de Laurencin, l'un de ceux qui devoient monter dans la galerie, il faut se ressouvenir ici que la terre étoit couverte de neige.

Fiers assiégeans du séjour du tonnerre,
Calmez votre colère ;
Eh ! ne voyez-vous pas que Jupiter tremblant,
Vous demande la paix par son pavillon blanc ?

M. de Laurencin répondit, que lui & ses compagnons s'étoient chargés d'aller prendre les articles de la capitulation. Enfin la mongolfiere fut réparée le 19, & l'expérience eut lieu le même jour. Au moment de partir, le nombre des Voyageurs se trouva plus considérable que ne l'eût desiré M. Pilatre ; il vouloit se procurer une forte ascension, afin que l'expérience fût plus imposante & plus belle ; en conséquence, il proposa de faire tirer au sort ; & trois personnes seulement fussent restées dans la galerie ; cependant aucune de celles qui s'y trouvoient ne pouvoit se résoudre à quitter sa place : alors il s'adressa à M. de Flesselles, Intendant de Lyon, qui décida nettement que le nombre des voyageurs ne pouvoit être diminué. Ils étoient au nombre de huit, M. *le Prince Charles*, fils aîné du Prince de Ligne, M. de *Mongolfier* l'aîné, MM. les Comtes *de la Porte*, *de Lau-*

rencin , *Dampierre* , M. *d'Anglefort* , M. *Pilatre* , & le sieur *Fontaine*. Ils s'éleverent lentement au milieu des acclamations d'une foule innombrable ; l'ascension fut de 500 toises environ : mais la mongolfiere, fatiguée par les intempéries de la saison & par les essais précédens , se déchira verticalement & fit craindre un instant pour leur vie, la chûte fut rapide , néanmoins ils n'éprouverent aucun accident. La durée de ce voyage fut de dix minutes , & l'espace parcouru environ six cents pieds.

Les Voyageurs rentrerent ensuite dans la ville, pour ainsi dire en triomphe , & se rendirent à la Comédie. On donnoit ce jour-là, *Iphigénie en Aulide, Opéra*. La piece étoit déja commencée lorsque Madame l'Intendante parut dans sa loge, accompagnée de M. Pilatre , & de M. & de Madame de Mongolfier ; le public applaudit avec transport & fit recommencer la piece. Agamemnon, c'eſt-à-dire l'acteur qui jouoit ce rôle, parut une ſeconde fois, portant pluſieurs couronnes, qu'il préſenta à Madame de Fleſſelles ; elle offrit la premiere à M. Pilatre, qui la reçut pour la dépoſer ſur la tête de M. de Mongolfier, & celle qui appartenoit à ce Savant, fut l'ornement du front de ſon épouſe. Agamemnon chanta un couplet analogue à la circonſtance, & la Piece fut recommencée. Après la Comédie, Meſſieurs les Voyageurs aëriens eurent un brillant ſoupé chez M. le Commandant de la ville. Les jours ſuivans on leur donna des fêtes, & le 22 janvier M. Pilatre partit pour Paris, & fut conduit, preſqu'en triomphe, par une foule de jeunes gens diſtingués, formant une cavalcade agréable, juſqu'au dehors de la ville.

De retour en ſon Muſée, il éprouva quelques déſagrémens ; ſes ſouſcripteurs se plaignoient vivement de son absence ; l'un d'eux lui écrivit une lettre injurieuse. M. de Rozier s'en plaignit hautement dans l'un de ses cours, & offrit de rembourser le montant de la souscription aux personnes mécontentes. Il n'ignoroit pas, sans doute, quelle étoit celle qui s'étoit oubliée jusqu'à lui écrire des choses déplacées ; cependant il conserva assez d'empire sur lui-même pour ne pas répondre directement. Ce n'étoit pas la premiere fois que, dans des cas semblables, il avoit pris un parti pareil : quelques demi-braves avoient déja cru en tirer une induction satisfaisante pour eux-mêmes ; ils ne voyoient pas que celui qui savoit mépriser le danger le plus imminent, lorsqu'il s'agissoit d'être utile ou de voler à la gloire, savoit aussi dédaigner les rêves des fous & l'insulte d'un sot. Ce mécontentement de quelques souscripteurs ne fut pas de longue durée ; le Professeur n'en fut bientôt que plus aimé; ses leçons étoient suivies, le goût de la physique avoit fait des progrès dans la Capitale, & l'on se faisoit honneur, enfin, non pas d'être ignorant, mais de fréquenter le Musée.

Si l'étude des Sciences paroît quelquefois ennuyeuse, ce pourroit bien être alors la faute de celui qui professe. M. de Rozier savoit la rendre intéressante, ce n'est pas qu'il eût une brillante élocution, au contraire, il ne disoit pas avec facilité ce qu'il vouloit dire : mais il savoit se rendre clair, il avoit de la méthode, il avoit l'art, assez rare, de présenter les objets d'une maniere agréable, de mettre la Science à la portée de ceux qui l'écoutoient; il avoit celui de ne pas s'appesantir, de ne pas ennuyer; un mot plaisant dit à propos, quelquefois même une galanterie adroite, réveilloient l'attention de l'assemblée, & faisoient circuler les

ris & la gaîté : & s’il étoit raisonnable-
ment un reproche à lui faire, ce seroit
de s’être quelquefois un peu trop appliqué à faire briller la Science par des
moyens futiles : mais il savoit que l’on
en préféroit l’éclat à la réalité, & il
cherchoit à plaire. D’ailleurs, son but
étoit de faire aimer les Sciences aux
femmes ; aussi leur en faisoit-il connoître l’utilité, l’agrément ; il en faisoit
des applications aux objets qui leur
étoient familiers ; il leur présentoit des
expériences intéressantes ou agréables,
& ce qu’on n’avoit peu vu jusqu’alors,
des femmes charmantes, qui n’avoient
jamais parlé que de rubans, de gazes,
de mouches & d’odeurs ; connurent
l’électricité, la cause des orages, les
propriétés de l’air, de l’eau, du feu,
l’influence de ceux-ci sur l’économie
animale, l’élément sur lequel elles mar-
chent, les substances dont elles se nour-
rissent;elles distinguerent les poisons des
élixirs,

élixirs, & ces derniers des liqueurs éthérées, & de celles qui seulement sont odorantes; enfin, elles surent échapper à l'ennui: mais elles apprirent sur-tout, & par expérience, qu'être jolie c'est quelque chose, & qu'être instruite & avoir l'esprit orné, c'est cent fois plus encore.

Les Anglois commençoient alors à rendre justice à la découverte de MM. de Mongolfier; vers ce tems, quelqu'un écrivit assez plaisamment dans le journal de Paris que l'on se proposoit de passer la Manche en ballon, & qu'en cas de chûte, on seroit muni d'un scaphandre pour se soutenir sur l'eau & attendre les secours que donneroient les barques postées pour cela. Peu après M. le Comte de Haga vint à Paris; dans les fêtes que la Cour voulut donner à cet illustre Etranger, elle desira qu'il vît l'ascension d'une mongolfiere; & M. Pilatre fut nommé pour cette expérience. Depuis le gala qu'il avoit donné

pour M. de Mongolfier , lors de l'ouverture du Musée, il méditoit le dessein
d'une expérience ingénieuse & brillante,
celle de construire un aréostat représen-
tant les dehors d'un superbe palais illu-
miné en transparens de couleurs, &
par choix, le palais de M. le Comte
de Haga. Il projetoit d'en opérer
l'ascension en une belle nuit, de choisir
un vent favorable, & de se rendre en
Suede , ou de traverser la Manche, &
d'arriver ainsi en Angleterre. Jusqu'ici
M. de Rozier avoit acquis de la gloire
pour lui-même , dès-lors il ambitionna
l'honneur de soutenir celle de la Nation:
il étoit le premier Aéronaute , & cette
gloire lui devenoit en quelque sorte
personnelle. Néanmoins ce brillant projet ne fut point adopté. L'on construisit
cependant une superbe mongolfiere aux
armes de France, portant le drapeau de
la Reine ; cette mongolfiere fut achevée
le 23 juin 1784 , & ce jour même, à

cinq heures moins un quart du soir, en présence du Roi, de M. le Comte de Haga, & de la Cour ; elle s'éleva au bruit des fanfares & de l'artillerie, montée par deux Voyageurs, M. de Rozier & M. Prouft. Ils planerent bientôt au-deffus des nues, car le tems étoit couvert ce jour-là : ils y refterent quelques minutes ; mais le defir de revoir la terre, qu'ils avoient perdu de vue, les fit redefcendre & planer moins haut ; à cinq heures & demie, manquant de combuftibles, ils fe repoferent fur les terres de Monfeigneur le Prince de Condé, entre Champlatreux & Chantilly, à treize lieues de Verfailles. Le Prince, qui avoit prévu que le vent porteroit la mongolfiere de ces côtés, avoit fait pofer des obfervateurs ftationnaires pour être averti du moment où elle paroîtroit: la chofe arriva comme fon A. S. l'avoit prévue. Auffi-tôt elle envoya une de fes voitures aux Voyageurs, les reçut très-

agréablement, & l'on dépêcha un Cou-
rier à Verfailles, portant le procès-ver-
bal de la defcente. Enfin, ils eurent
l'honneur de fouper avec lé Prince, &,
fur la fin du repas, il fe fit préfenter le
plan de fes terres, & voyant que celle
où s'étoit repofé M. Pilatre étoit fans
nom, il voulut que déformais elle porta
celui de *Pilatre de Rozier*. Après avoir
été comblés des bontés de fon A. S., les
Aéronautes prirent congé d'Elle, ainfi
que de M. le Duc d'Enghien & de Madame de Bourbon, qui alors étoient
chez ce Prince; & vinrent à Verfailles,
où ils furent accueillis de nouveau : l'on
accorda une penfion de deux milles liv.
à M. de Rozier, en l'engageant à publier les réfultats de fon expérience; ce
ce qu'il fit peu de tems après.

Ce mémoire parut, non-feulement
exempt d'exagération, mais encore
portoit un caractere de vérité, affez rare
dans ces fortes de relations. L'on re-

marqua fur-tout une phrafe qui peignoit très - naïvement la fituation de l'ame de M. de Rozier ; lorfque ne voyant plus la terre, il fe trouvoit au-deffus des nues : « Je voulus enfin , dit-il, fortir » de cette fcene *ennuyeufe*. » Un homme s'ennuyer au-deffus des nues ! ne feroit-ce point, qu'au phyfique de même qu'au moral, l'homme qui s'éleve au-deffus des autres, eft bientôt las de fon éléva-tion , & n'a fouvent d'autre plaifir, ou du moins de plus grand, que celui de redefcendre parmi eux?

M. de Rozier aimoit la gloire, on a dit qu'il l'aimoit pour l'intérêt même de la Science, peut-être l'aimoit-il auffi pour les avantages qu'elle procure; &, fi cela étoit, il me femble que cela ne prouveroit encore que la sûreté de fon jugement ; quiconque pourroit être fa-tisfait d'une vaine gloire, qui flatteroit l'amour-propre, fans être d'une utilité directe, ne feroit pas conduit par la raison ; il n'appartient qu'aux fous de se repaître de chimeres ; & nous aurons bientôt sujet d'observer ce que peut l'espoir d'une récompense, & combien la certitude d'en être privée arrête les plus courageux. On n'oubliera point, sans doute, que ce n'est pas sans raison que l'on a prodigué a M. Pilatre les surnoms d'*intrépide* & d'*infatigable* ; & comment ne les eût-il pas mérités ? Lui que l'on a vu, lorsqu'il faisoit construire des mongolfieres, entraîné par un tel zele qu'il oublioit les fonctions les plus nécessaires à la vie ; je l'ai vu moi-même oublier de dormir & de manger, & prendre un biscuit au bout de quarante-huit heures. Avec quelle incroyable agilité ne l'a-t-on pas vu donner des ordres, commander au dernier ouvrier, faire tout exécuter sous ses yeux, courir, voler d'estrade en estrade avec le sang-froid du plus hardi marin ? Sa contenance assurée & tranquille dans les

circonftances les plus périlleufes, n'a-t-
elle pas étonné tous ceux qui l'ont vu ?
Son ame n'étoit point exaltée, & peut-
être même n'a-t-il jamais, en ces momens, connu les effets de l'enthoufiafme ; mais toutes fes facultés étoient li-
bres & préfentes à l'inftant d'une expérience ; fon jugement calculoit les dangers, tandis que fa raifon les lui faifoit
écarter : il donnoit des ordres pour un
voyage aérien, comme fi un autre eût
dû le faire ; il s'élevoit dans les airs avec
la tranquillité d'un pilote, qui voit fon
vaiffeau fendre les ondes, & qu'un vent
favorable amene dans le port.

Après l'expérience de Verfailles,
M. de Rozier jouiffoit du prix de fon
courage ; il en avoit obtenu la récom-
penfe, & une premiere faveur femble
donner le droit d'en obtenir de nouvelles. Les Anglois faifoient alors quelques tentatives, quelques excurfions
aériennes ; ils efpéroient avoir l'hon-

neur de franchir avant nous le détroit qui les sépare du continent. Mais le premier Aéronaute François, n'avoit point oublié cet ancien projet que lui-même avoit formé. Il sollicite auprès du gouvernement une somme de 40000 livres pour construire un nouvel aérostat ; il s'agissoit de l'honneur de la nation, & l'on accorda ce qu'il demandoit. La Cour lui désigna Boulogne sur mer pour le lieu du départ. L'on construisit à Paris un globe en taffetas, pour être rempli d'air inflammable ; une espece de mongolfiere, avec son réchaud, fut suspendue sous ce globe, & la galerie qui devoit porter les Voyageurs, fut attachée au bas de cette mongolfiere. Le volume du ballon étoit suffisant pour enlever la machine entiere, & l'objet de la mongolfiere étoit de raréfier l'air, pour opérer au besoin l'ascension ou la descente. L'appareil entier avoit 72 pieds de hauteur ;

il étoit abfolument de l'invention de
M. Pilatre, & l'on conviendra fans
doute, que la réunion de ces deux procédés, offroit des vues ingénieufes :
mais étoient-elles praticables ? On fit
tranfporter cet aéro-mongolfiere à Boulogne; c'étoit le moment où les féances
du Mufée devoient avoir lieu : il quitte
tout, vole aux ordres de la Cour, &
fe rend au lieu du départ le 4 janvier
1785. A fon arrivée, il apprend que
M. Blanchard étoit à Douvres, & n'attendoit qu'un vent favorable pour traverfer la Manche. Ne voulant pas faire
de tentatives infructueufes, d'autant
qu'il n'attachoit de mérite qu'à traverfer
le premier, il s'embarqua pour cette
ville, afin de s'affurer par lui-même,
de la poffibilité de ce fait. Il fut contrarié par les vents, & mit deux jours
entiers, pour faire un trajet qui ordinairement ne dure que trois ou quatre

heures. Parvenu enfin fur les côtes de l'Angleterre, il alla vifiter M. Blanchard, & vit qu'effectivement cet Aéronaute, n'attendoit qu'un vent favorable pour paffer le détroit.

Dans l'état où fe trouvoient les chofes, il étoit difficile que M. de Rozier ne fût pas prévenu ; cependant il ne perdit pas courage ; il repaffa en France, & donna des ordres pour que les travaux fuffent accélérés, & que tout fut difpofé le plus promptement poffible, en cas que les vents fe décidaffent en fa faveur. Il reçut alors de nouveaux ordres de la Cour, on le preffoit de fe hâter, en lui donnant l'efpérance d'une faveur nouvelle, en cas de réuffite. Que l'on juge quels durent être alors le courage, & le zele de M. Pilatre. Cependant les vents ne ceffoient de lui être contraires, & conféquemment d'être favorables à fon rival ; il appréhendoit à chaque inftant que celui-ci n'arrivât , lorfque le 7 janvier à trois heures après midi, il eut le chagrin de le voir planer dans les airs, & defcendre triomphant fur les côtes de France. C'eft alors que M. Pilatre fut fe montrer vraiment fupérieur à l'envie ; il alla au-devant de M. Blanchard, l'embraffa, le félicita, prit part à fes fêtes, & l'accompagna jufque dans la Capitale. Arrivés à Paris , il le préfenta à la Cour, le conduifit à fon Mufée , & lui fit l'honneur de l'infcrire au nombre des Fondateurs de cet établiffement : peu d'hommes feroient capables de fe conduire ainfi.

Voyant que l'avantage de planer le premier au-deffus de la mer, lui étoit enlevé ; il ne préfumoit pas devoir continuer cette expérience ; néanmoins l'on en jugea autrement, l'on trouva qu'il y auroit plus de difficulté à traverfer de France en Angleterre, qu'il n'y en avoit eu à venir de Douvres en France, d'autant que les côtes de l'Angleterre préfentent trois fois moins d'étendue. Peut-être auroit-on pu objecter, qu'il ne s'agiffoit de rien moins que de triompher des difficultés, puifque l'Aéronaute n'avoit aucun moyen de les vaincre : tout dépendoit d'un coup de vent, ainfi fes talens étoient nuls. Cependant il fut mandé chez le Miniftre, où l'on prétend qu'il effuya des reproches affez vifs, fur ce qu'il avoit quitté fon pofte; il reçut l'ordre d'y retourner & de continuer fon expérience ; mais on le prévint qu'il ne devoit pas attendre de la Cour, la faveur qu'il en avoit ofé efpérer ; on lui fit même connoître , dit-on , celle qui lui avoit été deftinée (1). M.

____

(1) Le Roi avoit bien voulu accorder à M. de Mongolfier le Cordon de l'Ordre de St. Michel; M. de Rozier défiroit vivement cet honneur, & fans doute qu'il l'eût obtenu, s'il eût été plus heureux.

Pilatre partit, le défespoir dans l'ame ; il arrive à Boulogne, fait tout préparer, & fixe fon départ au 22 janvier : mais les vents contraires, les tempêtes qui régnoient fur la côte, ne lui permirent pas de l'effectuer : il fit une tentative le 30 du même mois, mais infructueufement. Il en réitéroit de nouvelles au moindre efpoir d'un vent favorable ; on lançoit de petits ballons avant-coureurs, pour favoir s'ils arriveroient fur les côtes d'Angleterre, aucun n'y parvenoit ; le plus fouvent après avoir été plufieurs heures ballotés par les vents, ils venoient retomber fur les côtes de France.

M. Pilatre étoit abfent de fon Mufée, c'eft dire affez qu'il étoit obligé de fe faire remplacer par diverfes perfonnes ; il s'inquiétoit, fe tourmentoit, & ne réuffiffoit point. Mais enfin, c'eft quelquefois dans les circonftances les plus fâcheuſes, qu'un haſard inattendu vient adoucir les plus cruelles peines. Une jeune perſonne, aimable ſans doute, étoit alors à Boulogne, dans un Couvent, en qualité de Penſionnaire ; on prétend qu'elle avoit de la fortune, & qu'elle réuniſſoit à une ame ſenſible, un eſprit ſolide & cultivé. M. de Rozier la vit, l'aima & en fut aimé ; trop heureux, ſi l'amour le dédommagea pour quelques inſtans, des maux que lui cauſoit la gloire & la haine de ſes ennemis ; car il en eut ! Marcher ſi rapidement à la renommée, étoit bien propre à lui en faire ; point de petits talens qui n'eût ſes grandes prétentions & ne voulût s'attacher à lui pour voler auſſi à la célébrité ! L'on n'eſt pas plus adroit, qu'il ne l'étoit à ſatisfaire avec des mots ces êtres incapables, & à les éconduire : mais il falloit en venir là ; & quelques-uns ne pouvoit le lui pardonner.

Enfin le 18 avril, les vents depuis long-tems n'ayant paru si favorables, M. Pilatre disposa tout pour son départ. La mongolfiere avoit beaucoup souffert des intempéries de la saison; il jugea qu'elle étoit peu sûre : en conséquence, on prétend qu'il mit ordre à ses affaires, & déposa au bureau de l'Amirauté de Boulogne un paquet, qui sans doute contenoit ses intentions en cas qu'il vînt à périr. Déja tout étoit prêt, l'artillerie se faisoit entendre, le peuple témoignoit sa joie, & promenoit l'aéroftat en triomphe, lorsque le Maire de la ville, accompagné de plusieurs Marins, vint annoncer à M. Pilatre, que les vents alloient changer & qu'ainsi l'expérience ne pouvoit avoir lieu. Ce dernier essai ne laissa pas de fatiguer l'aéroftat; il vit que désormais l'on ne pouvoit s'en servir sans danger; en conséquence, il se décida à deman-

der des fecours pour y faire les répara-
tions néceffaires : mais il ne les obtint
pas.

Des raifons particulieres, peut-être,
celles de folliciter la main de la perfonne
qui lui étoit chere , l'obligerent de
paffer en Angleterre : on affure qu'il obtint des parens de celle-ci , la promeffe
qu'il pourroit l'époufer, lorfqu'il auroit
mis fin à cette longue & périlleufe expérience. Mais comme il n'étoit alors
qu'à quelques milles de Londres , il fe
rendit en cette ville , & fut témoin
encore une fois , le 21 mai, des nouveaux fuccès qu'obtenoit M. Blanchard;
il l'aida lui-même, & fe fit un plaifir de
contribuer à cette expérience. Il repaffa
bientôt en France, non qu'il fe flattât
d'être heureux, il prévoyoit affez quel
feroit fon fort ; mais il ne s'en allar-
moit pas.

Enfin , le 13 juin fuivant, le tems
parut, fur le foir, on ne peut plus favorable :

rable : M. de Rozier réfolut d'en profiter ; en conféquence, on paffa la nuit
à préparer l'aéro-mongolfiere, dans
l'efpoir de partir le lendemain dès la
pointe du jour : mais l'enveloppe du
ballon étoit defféchée & prefque brûlée,
tant par les effets infructueux & trop
répétés, que parce que l'aéroftat avoit
refté long-tems expofé aux effets de
l'air ; il s'y rencontra des trous, il s'en
formoit aifément de nouveaux, l'on
employa beaucoup de tems à les raccommoder. La toile de la mongolfiere étoit également fatiguée, & le
14, à dix heures du matin, le ballon
n'étoit pas encore rempli. Le vent chan-
gea tout-à-coup, & l'on paffa la jour-
née dans l'attente : vers le milieu de la
nuit du 15, le vent reparut favorable ;
les Marins confultés, affurerent qu'il
étoit très-propice ; conféquemment l'on
fe décida à continuer les opérations, &

F

fur les 4 heures du matin, l'on aban-
donna un petit ballon, qui, peu de
tems après, vint retomber fur les côtes
de France. Malgré cela, M. de Rozier
fit continuer les travaux. Vers les fix
heures, on lança encore fucceffivement
deux petits ballons, & le départ fut
décidé ; deux coups de canon l'annon-
cerent. Le peuple fe réjouiffoit, chacun
défiroit & attendoit. A 7 heures & quelques minutes, M. Pilatre parut dans
la galerie accompagné de M. Romain,
l'un des Conftructeurs de l'aéroftat. M.
le Marquis de la Maifon-Fort, s'attendoit à y monter ; mais M. Pilatre l'en
empêcha, en l'affurant *« qu'il ne pou-*
» voit l'expofer, puifque lui-même n'étoit
» pas fûr ». L'aéro-mongolfiere s'éleve
lentement & d'une maniere impofante,
les Aéronautes faluent, une foule confidérable y répond par des cris de joie ;
ils s'avancent fucceffivement, bientôt ils

se trouvent sur la mer ; alors chacun, les yeux sur le fragile aéroftat, l'obfervoit avec crainte. Ils étoient environ à cinq quarts de lieues en avant, au-deffus du détroit ; leur élévation avoit confidérablement augmenté, l'on eftime qu'ils étoient à fept cents pieds ou environ, lorfqu'un vent d'oueft les ramene fur la terre ; déja depuis 27 minutes, ils étoient dans les airs ; l'on crut s'appercevoir de quelques mouvemens d'allarmes de la part des Voyageurs, l'on fixe, on croit voir qu'ils abaiffent précipitamment le réchaud, une flamme violette paroît au haut de l'aéroftat, l'enveloppe du globe fe replie fur la mongolfiere, & les malheureux Voyageurs fent précipités des nues, & combent fur la terre, prefquè en face de la Tour de Croy, à cinq quarts de lieues de Boulogne, & à trois cents pas des bords de la mer ! On court, on vole, l'infortuné de Rozier fut trouvé dans la galerie, le corps fracaffé & les os brifés de toutes parts. Son Compagnon refpiroit encore, mais il ne put proférer un feul mot ; & quelques minutes après, il expira. Telle fut la fin du premier Aéronaute & du plus courageux des hommes. Sans lui, l'on ne fe fût peut-être jamais hafardé de planer dans les airs. Il fut victime de l'honneur & du zele, & méritera peut-être les regrets de la poftérité. D'ailleurs fon nom eft affez juftement célebre, pour en obtenir des hommages (1), & affurément, il ne lui a manqué que de vivre affez pour y prétendre, comme favant diftingué. Sa douceur, fon amabilité, fa modeftie, je dirois prefque fa candeur, le feront regretter de ceux qui l'ont connu. Celle

---

(1) L'on affure que l'on doit élever un monument à fa gloire au lieu même où il mourut.

qui l'aima ne put supporter la nouvelle de sa mort; des convulsions horribles la saisirent, & ne la quittèrent qu'avec la vie : elle expira, dit-on, chez ses parens, dans les tourmens les plus cruels, huit jours après cette affreuse catastrophe. Que ceux qui veulent savoir combien l'amour s'intéresse à la gloire apprennent combien un homme qui la mérite peut-être justement aimé. Il laisse après lui deux sœurs & une mere, qui ont donné des larmes à sa cendre. Je l'ai connu, & sa mort m'a sensiblement affligé ! Le premier j'ai jeté quelques fleurs sur sa tombe . . . (1) ; me serois-je attendu que je dusse un jour tracer sa vie ! Mais, si du sein des morts son ame voit en paix la justice que je rends à sa mémoire, je serai trop récompensé !

––––––––––––––––––––––––

(1) Voyez les promenades de Clarisse, seconde partie, pag. 79 & suiv.

L'on ignore quelle fut précisément la cause de cette affreuse catastrophe; mais, il est à présumer que l'infortuné Pilatre, contrarié par les vents, se voyant reporté sur les côtes de France, se sera décidé à descendre; pour cela, il aura tiré la soupape de l'aérostat, qui, mal raccommodée, aura exigé des efforts; le taffetas se sera déchiré, peut-être l'air inflammable, en s'échappant, aura rencontré des étincelles, & l'explosion se sera communiquée à la masse entiere.

Ce martyr des Sciences périt à l'âge de vingt-huit ans & demi. Il fut le disciple aimé de MM. Macquer, Sage, Leroi, Mitouart, &c.; plusieurs Sociétés savantes l'avoient admis au nombre de leurs Membres. Il étoit de la Société Patriotique Bretonne, de celle d'émulation de Reims, de la Société royale de Metz, & de quelques autres.

Si nous confidérons maintenant ce que fut M. Pilatre, nous verrons en lui un courage héroïque, une ame énergique, aimante, une victime de l'honneur ; il aima mieux périr que d'être foupçonné de lâcheté ! Bon fils, frere tendre, ami loyal ; tous les devoirs étoient chers à fon cœur. Il aima trop la gloire, a-t-on dit ; ah ! peut-on être François & ne pas l'aimer ! Que fes ennemis, s'il lui en refte encore, élevent la voix, & difent ce qu'ils ont faits pour le public, pour les leurs ! Quels font leurs travaux ! Quel eft leur courage ! En eft-il qui, à vingt-huit ans, aie recueilli autant de lauriers & vaincu de fi nombreufes difficultés ? Il préféroit le fafte de la fcience à la profondeur des recherches, ont-ils répété : il étoit ce que l'élite de la nation l'obligeoit d'être, c'eft-à-dire, auffi aimable que favant, auffi fpirituel que profond, auffi galant qu'intrépide; & voilà l'homme qui devoit parvenir à la célébrité, & dont l'exiſtence devoit être marquée par l'une des grandes époques, qui doit briller dans les faſtes des Sciences, & étonner les races futures.

F I N.

MÉMOIRES

DE

PILATRE DE ROZIER,

Écrits par lui-même.

G

MÉMOIRES
DE
PILATRE DE ROZIER,

Écrits par lui-même.

MÉMOIRE

Lu à l'Académie Royale des Sciences, sur la composition d'une couleur, connue sous le nom de PRUNE DE MONSIEUR.

Chargé, par la Société d'Émulation de Reims de démontrer publiquement les loix Physiques & Chymiques de la Teinture , je me suis occupé de cet Art avec toute l'assiduité qu'exige un travail de cette importance. Heureux dans quelques tentatives , je m'empresse d'en soumettre les résultats aux lumieres du Public & des Hommes éclairés.

Le brun, le puce, le lilas , le chocolát , &c. . . . . ne font que des nuances du violet, qui n'est lui-même que le produit du mélange rouge avec le bleu : on a donné à cette couleur le nom de *Prune de Monsieur*, à cause de fa ressemblance avec le fruit qui porte ce nom.

Comme cette couleur sied à toutes les physionomies, pour peu qu'on fasse dominer l'une des deux teintes; elle s'est accréditée au point que l'on a vu le Paysan, vêtu d'étoffe grossiere, ne vouloir plus que du drap *Prune de Monsieur* ; mais,

le prix de la couleur furpaffant quelquefois celui de l'étoffe, on a été obligé
de recourir à la couleur *Faux-teint*,
que le peu de folidité a bientôt fait
abandonner : quelques Marchands, par
une économie mal-entendue ou par
cupidité, ont obligé les Teinturiers à
appliquer indiftinctement le *Faux-teint*
fur les étoffes de prix comme fur les
plus communes, en forte que la couleur la plus courue, n'a pas tardé a être
la plus décréditée.

Mais, dans ces derniers tems, un
Particulier caufa une efpece de révolution à ce fujet, par la découverte
d'un procédé qui fixoit cette couleur,
quoique de faux teint. La folidité,
l'éclat de cette compofition, la firent
rechercher par tous les teinturiers. Un
Négociant étranger, très - connu, fit
l'acquifition de ce fecret, moyennant
vingt - deux milles livres; animé du

defir d'être utile à la société, l'ingé-
nieux Acquéreur fit commerce de cette
nouvelle composition fous le nom de
Prune de Monfieur.

Un Artifte, avantageufement connu,
m'ayant invité à faire l'analyfe de cette
compofition, je m'en occupai, & lui
en remis des réfultats fi exacts, qu'il
parvint à l'imiter, & à répéter ce procédé en grand avec tout le fuccès qu'il
pouvoit defirer.

Cette couleur, qui fe négocie dans
le commerce, eft, malgré fa caufti-
cité contenue, dans de petits barils; elle
eft d'une couleur rouge de vin, provenant du bois d'Inde, dont on voit encore furnager des parcelles; &, quoiqu'on ait réuffi parfaitement à imiter
cette couleur en employant la cochenille, le bois d'Inde, qui eft à meilleur
marché, remplit, par mon procédé, la
même indication : d'après une analyfe

complette (1) & suivie, voici le procédé que j'employai conjointement, avec cet Artiste.

Quoique l'analyse m'eût fait connoître les différentes substances qui entrent dans la composition de cette couleur, je veux dire celle du commerce, comme l'économie permet toujours, qu'on substitue des drogues moins cheres à celles qui augmentent trop le prix de la teinture, je vais publier celles, que nous avons employées, & qui ont rempli toutes les indications de la composition de *Prune de Monsieur*. Le procédé par lequel on peut teindre quatre pièces d'étoffes, de quarante-cinq aunes chacune, sur demi-aune & demi-quart

---

(1) Il y a ici une savante analyse qui fait honneur à M. de Rozier, & que nous sommes forcés de supprimer pour des raisons particulieres.

G 4

de large (1) , confifte à faire bouillir,
dans une chaudière très-propre, cinq
pièces d'eau de rivière (2) , avec fix livres & demie d'alun de roche ; on dé-
laye bien exactement dans un vaiffeau
quelconque , quatre onces de verd-de-
gris , avec fix livres d'une diffolution
d'étain [détaillée ci-après] ; on verfe
le tout dans une chaudiere , avec trois,
quatre ou cinq livres de tartre cru blanc ;
on a foin de traverfer ces fubftances
dans la paffoire (3) , qu'on tient plongée
dans la liqueur bouillante , & au bout
de quinze à vingt minutes , on enlève

---

(1) L'aune d'étoffe de Reims pèfe rarement
plus d'une livre.

(2) Chaque pièce contient deux cents quarante pintes , mefure de Paris , du poids de
deux livres une once.

(3) Efpèce d'écumoire connue des Teinturiers.

avec un tamis l'écume qui furnage. Cette première opération s'appelle le bouillon.

On plonge les étoffes dans ce bouil-lon, après les avoir placées fur le mou-linet & les avoir tournées environ trois quarts d'heures ; alors on les retire, & quoiqu'elles aient confervé prefque toute leur blancheur, elles font cepen-dant chargées de fels propres à fixer la couleur.

Durant ce premier travail, on fait bouillir, dans une autre chaudière, en-viron vingt livres de bois d'Inde (qui a fubi la préparation dont je vais parler) dans quinze à feize feaux d'eau ; quand ce fluide eft très-chargé de la partie co-lorante du bois, on le paffe dans la pre-mière chaudière, qu'on a parfaitement nétoyée ; on y jette trois, quatre ou cinq livres de tartre blanc cru ; en-fuite on y replonge les étoffes, qu'on tourne rapidement fur le moulinet;

dans l'efpace de trois heures, elles font teintes du plus beau *Prune de Monfieur*, qui a toute la couleur, l'éclat & fixité de celui qu'on prépare avec de l'indigot & de la cochenille, dont le prix furpaffe de près des deux tiers.

Le tartre, par fon acide, ayant la propriété de développer ou d'aviver la couleur rouge (1), & l'alun produifant l'effet contraire, par fa qualité aftringente, il s'enfuit qu'on eft obligé de proportionner leur dofe à la nuance qu'on veut obtenir.

---

(1) Par le terme rancir, les Teinturiers entendent l'effet qui réfulte de l'addition du tartre.

PRÉPARATION *du Bois-d'Inde.*

CETTE préparation confiste à lui faire éprouver une légère fermentation, qui, en atténuant les parties colorantes, augmente leur éclat de manière à faire foupçonner qu'elles font en plus grand nombre.

Il eft bien furprenant qu'on faffe auffi peu d'ufage de cette méthode, d'après tous les avantages qu'elle procure ; la fimplicité en eft telle, qu'il fuffit de hacher le bois, de l'écrafer fous une meûle, & l'ayant réduit en poudre grof-fiere, de l'amonceler enfuite fur le carreau, dans un grenier percé de trois ou quatre lucarnes, & de l'arrofer légére-ment avec de l'eau. Au bout de quelques jours, il s'excite une efpèce de fermentation, & les tas s'échauffent affez pour

faire monter le thermomètre ordinairement à sept ou huit degrés.

Si cette fermentation est trop rapide,
ou si la chaleur est plus sensible dans
une partie du tas, il faut alors remuer
cette partie deux & trois fois par jour,
& ouvrir la lucarne qui y répond ; l'humidité, en s'évaporant, suspend la
fermentation ; quand quelques parties du tas entrent difficilement en
fermentation, on doit d'abord s'assurer
s'il y a assez d'humidité ; dans le cas
contraire, on ajouteroit de l'eau. Quelquefois le bois n'a besoin que de repos,
& de la chaleur qui s'excite toujours
si l'on tient les lucarnes exactement
closes.

Les trois belles saisons de l'année
sont les plus favorables à cette opération, parce que la chaleur est un agent
nécessaire à la fermentation.

On reconnoît que le bois a assez fermenté, 1°., lorfque toute cette poudre groffiere a acquis une couleur uniforme d'un beau rouge fang d'artères ; 2°., quand le tas exhale une odeur un peu fuave fans aucune faveur bien manifefte : d'après ces indices, on doit remuer très-fouvent afin d'accélérer la diffication du bois d'Inde, qu'on met enfuite dans des tonneaux, où il fe conferve des années entières fans éprouver une nouvelle fermentation ; à moins qu'on ne l'ait renfermé encore humide.

Il eft à remarquer que fi on laiffe trop long-tems les tas en fermentation ils s'échauffent, & renvoient une odeur putride ou de foie de foufre, & qu'ils prennent une couleur très-brune ou hépatique.

Lorfque le bois d'Inde n'a pas trop fermenté, il fournit beaucoup plus de teinture qu'avant d'avoir éprouvé cette opération, ce qui indemnife bien de la

main-d'œuvre qu'exige ce nouveau procédé ; d'ailleurs, la couleur qu'il donne
aux étoffes étant bien plus vive, plus
nette & plus tranchante, elle n'offre
plus cette teinte fausse qui n'échappe
jamais aux négocians instruits. Je pense
que d'après les ingénieuses expériences
de M. de Laval, on peut attribuer cette
métamorphose au développement de
l'acide du bois qui se reporte sur le fer,
principe colorant, qu'il divise & atté-
nue considérablement ; tandis que si le
bois passe à la fermentation putride,
l'alkali qui se dégage neutralise l'acide ;
ou, peut-être, est-ce ce même acide qui
s'unit à la terre hypostatique du végétal
& constitue l'alkali : enfin, on pourroit
encore supposer, d'après M. Sage, qu'il
se forme de l'alkali volatil, à l'aide de la
matiere grasse ; au reste, quelle qu'en
soit la cause, l'expérience démontre
toujours que par ce procédé l'on peut

rendre la qualité colorante à une infinité de bois, qui, à l'extérieur, paroissent l'avoir perdu, soit par vétusté ou par d'autres causes de cette nature.

PRÉPARATION *de la dissolution d'étain.*

Au lieu de n'employer que l'acide marin concentré, pour dissoudre l'étain, je prends huit onces d'acide nitreux pur, avec quatre onces d'eau de riviere que je verse sur une demi-once de sel amoniac bien blanc; ce qui produit une eau régale.

M. Macquer m'a très-bien observé qu'on peut varier la dose du sel; en effet, je m'en suis assuré en répétant cette expérience à Paris. J'ai aussi observé qu'un mélange de partie égale d'acide nitreux & d'acide marin avoit un effet dissolvant bien plus marqué à la vérité. Il faut prendre des précautions quand on jette l'étain, parce que si l'on en met une trop grande quantité,

l'effervescence

l'effervescence est si violente que la li-
-queur s'élève au-dessus des vaisseaux,
& une partie de cet étain se précipite à
l'instant en une chaux blanche.

Pour dissoudre l'étain, on en prend
quatre onces de celui qu'on file à Amiens,
& que l'on jette par partie dans l'eau
régale ; à mesure qu'il se dissout on y
ajoute de nouvelles doses, & de cette
façon on obtient une liqueur lympide,
de la couleur de la dissolution d'or ; qui
ne fournit aucun précipité ni sédiment,
si ce n'est en été. Comme l'étain filé pré-
sente plus de surface que la grénaille,
je conseille de l'employer de préfé-
rence.

OBSERVATIONS *sur l'opinion de quelques Physiciens & Artistes.*

JE ne puis adhérer aux sentimens des Physiciens qui ont fait proscrire de la teinture toutes les préparations du cuivre, sous le prétexte qu'elles rongeoient & détruisoient le tissu des étoffes : malgré les recherches les plus scrupuleuses, je n'ai jamais découvert cet effet ; il est d'ailleurs à présumer qu'elles ne produisent rien de semblable si ce n'est dans les animaux vivans ; c'est qu'alors la fermentation qui fournit sans cesse des dissolvans au cuivre devient nuisible à la circulation. Si le cuivre corrodoit le tissu des étoffes, en raison de ses qualités dans l'économie animale, les préparations du fer devroit par conséquent leur donner du corps, puisque prises intérieurement, elles donnent du ton au fibres, tandis qu'il eſt de fait que dans la teinture elles nuiſent aux étoffes, au point de faire dire aux Artiſtes que toutes celles de couleur noire ſont brûlées.

H 2

BOUGIES PHOSPHORIQUES, inflammables au seul contact de l'air.

CASSER un petit tube, en retirer une bougie, la voir s'enflammer à l'instant, est, sans contredit, une jolie découverte, & qui a le double mérite de réunir l'agréable à l'utile.

Le premier qui annonça cette découverte fut un amateur étranger : mais il s'en réserva le secret. Cette espece de myftere sembla contrarier M. le Comte de Challant ; il s'en occupa & parvint, après quelques tentatives, à découvrir ce qu'il cherchoit, & le publia aussitôt.

Mais, le procédé qu'il mettoit en usage étoit à la fois très-difficile à exécuter, & beaucoup plus dispendieux qu'il n'auroit dû l'être.

Je me suis appliqué depuis à chercher un moyen plus simple, & ce moyen m'a réussi complettement.

Il consiste à introduire environ un demi-grain de phosphore dans un petit tube de verre, férmé hermétiquement par l'un des bouts, à présenter ce même tube à la flamme d'une bougie, pour que la matière phosphorique puisse se fondre en même-tems qu'on y introduit une mêche qui s'imprègne aussitôt du phosphore devenu fluide; ensuite on coupe l'excédent de cette mêche, &, à l'aide d'une longue épingle, on la fait parvenir au fond du tube, on en soude l'autre extrémité, & l'opération est achevée.

Afin que le succès réponde à l'attente, il est bon d'observer que le phosphore, se fondant avec une extrême facilité, se décompose aussi-tôt; or, il est essentiel de ne présenter le tube à la flamme qu'un instant, & comme en le retirant, il conserve ordinairement assez de chaleur pour fondre le phofphore, l'on introduit la mêche en même-tems que la matière inflammable, fans quoi celle-ci pourroit fe congêler avant que la première eût pu être imbibée.

Il faut auffi avoir attention que la mêche emploie entiérement le phofphore, afin qu'il n'en refte pas un dépôt dans le fond du tube.

Par cette prompte opération, le phofphore fe réduit en une poudre qui adhère à cette mêche, &, dans cet état d'extrême divifion, il s'enflamme rapidement à la fortie du tube. S'il arrivoit que le tube ou la mêche ne fuffent pas bien fecs, l'inflammation ne pourroit avoir lieu, parce que les fluides, en s'évaporant, ajouteroient au froid de l'atmofphère, & s'oppoferoient ainfi à l'embrafement du phofphore; ce qui démontre que fi l'on faifoit entrer des huiles ou de l'efprit de vin dans cette compofition, comme on l'avoit d'abord

imaginé, ces fluides nuiroient à la réuſ-
ſite loin d'y contribuer. Cette même
raiſon oblige encore qu'on faſſe faire
de petites mêches , eſpèce de bougies
de veilleuſe , leſquelles n'aient pas été
chargées de cire.

C'eſt à tort qu'on a préſumé que ces
bougies s'enflammoient par le contact
de l'air, ou parce que les tubes, comme
on l'a cru , étoient purgés d'air ; l'inflammation dépend du frottement qu'on fait
ſubir au phoſphore , en froiſſant la bougie , avant de la retirer du tube ; ſi l'on
en porte ſur ſoi , la chaleur du corps ,
pénétrant le tube , fond le phoſphore ,
& qu'alors on veuille s'en ſervir , il s'enflamme à l'inſtant.

On peut remarquer que le phoſphore
ne s'enflamme point dans un tube fermé ,
parce que ce dernier eſt plein de la lumière qui s'eſt échappée , & que l'on
apperçoit parfaitement dans l'obſcu-
rité.

Comme il feroit difficile de pouvoir caſſer le tube préciſément où il le faut; pour en faciliter la rupture, on y trace environ vers le tiers, du côté de la mêche, un petit cercle, par le moyen d'un diamant, d'une pierre à fuſil, ou même d'une lime ; on cole, ſur lès bords de cette marque, une très-petite bande de papier, pour indiquer, dans l'ombre, l'endroit précis où l'on doit rompre le tube ; ayant l'attention de rouler la bougie entre les doigts, la mêche en bas, juſqu'à ce que la flamme ait gagné la cire ; quelquefois il eſt néceſſaire de projeter la chaleur de l'haleine ſur cette mêche afin de l'augmenter, pour faciliter le phoſphore à ſe fondre.

M. le Comte de Challant avoit très-bien obſervé que le phoſphore ne pouvoit s'enflammer lorſque la température de l'air étoit à la glace, & l'on peut s'en convaincre par une expérience très-ſimple ; il ſuffit d'envelopper les tubes

d'un

d'un petit linge mouillé d'éther vitriolique.

Il est inutile de parler ici du succès
qu'eurent, dans le tems, ces agréables
bougies; on sait assez que non-seulement
la Cour & la Ville en voulurent avoir,
mais que les Princes & les Seigneurs
des Cours étrangères écrivirent à l'Auteur afin de s'en procurer.

I

PROCÉDÉ pour réduire le verre en poudre par une décharge électrique.

La théorie du Docteur Franklin semble prouver principalement que le verre est un corps impénétrable. S'il paroît démontré que presque tous les verres (1) jouissent de cette propriété quant à leur

(1) D'après quantité d'expériences, je crois pouvoir avancer que, pour celle de Leyde, le verre verd, dit de bouteille, est préférable, & ensuite le plus commun ; celui qui contient beaucoup de préparation de plomb, le cristal faux, le flinglàts, sont, en grande partie, perméables, & se cassent très-facilement. J'espere publier incessamment une suite d'expérience sur ce sujet, traduites du Professeur Barlette ; je ne sais si cet Ouvrage intéressant ne produira point une révolution parmi nos Physiciens, semblable à celle qu'il a opéré en Italie.

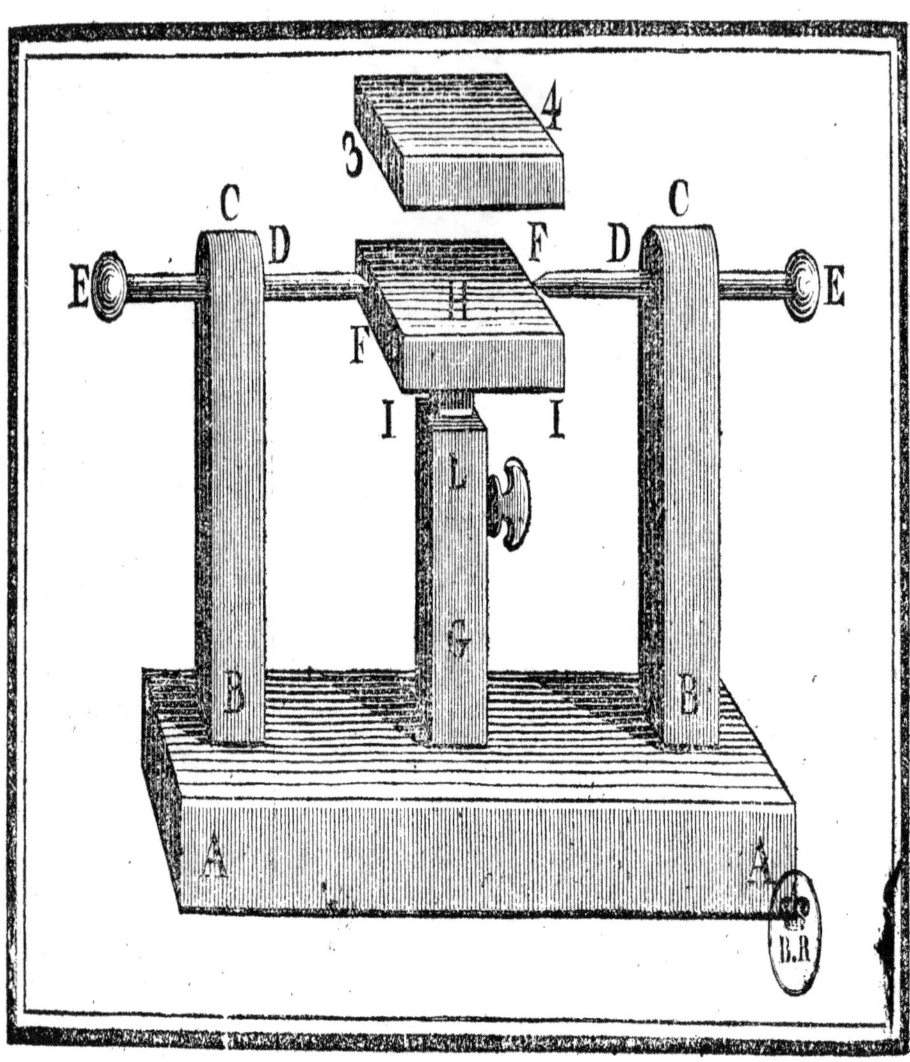

3
4
C
D
E
C
D
E
F
F
I
I
L
G
A
A
B
B

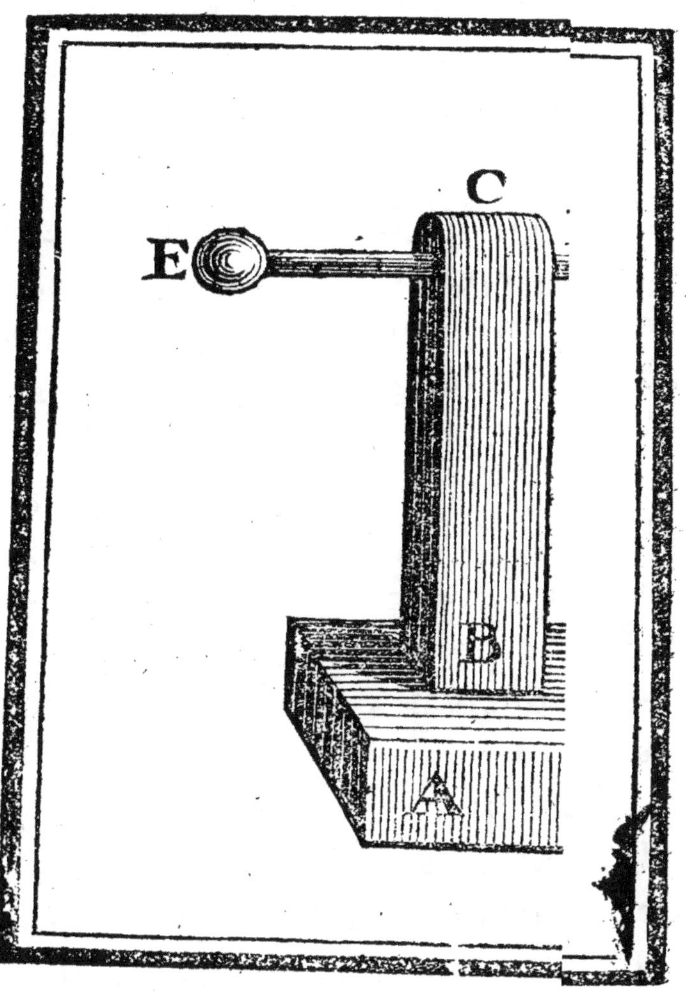
E
C
B
A

furface, l'expérience fuivante prouvera qu'il n'en eft pas ainfi , lorfqu'on oblige une forte étincelle d'en traverfer l'épaif-feur.

Il eft néceffaire d'avoir, pour cette ex-périence, un appareil (v. la fig. ci-contre) compofé d'un petit foliveau , A A, de dix pouces de long , fur deux pouces & & demi de large ; à un demi-pouce des extrémités font enclavés deux montans ou colonnes , B C, B C, de quatre pou-ces & demi de haut, fur un pouce d'épaiffeur , percés horifontalement à un demi-pouce des extrémités fupé-rieures en D.

Ces deux ouvertures reçoivent deux tiges de métal , E F, E F, terminées à l'un des bouts par une boule & à l'autre par une pointe. Elles font de groffeur à pouvoir paffer librement dans les trous , lefquels ont deux lignes de dia-mètre. Au centre du foliveau en G, fe

I 2

trouve fixé une espèce de petit guéridon, G H, de trois pouces & demi de haut, dont la tablette, I·I, destinée à recevoir le verre qu'on veut réduire en poudre, est de la grandeur d'un pouce & demi quarré; cette tablette est en bois, recouverte en ivoire; elle est supportée par une tige mobile, incluse dans le montant, L, &, à l'aide d'une petite vis, on en fixe la hauteur à volonté.

Passons maintenant à l'expérience : elle consiste à mettre l'une des boules en contact avec la surface de la jarre, revêtue à la méthode de M. *Bevis*; on expose, sur la tablette, un morceau de glace ou de verre, d'environ deux ou trois pouces quarrés; on place les pointes des tiges F F, de manière qu'elles touchent la glace, mais sur les deux tranches opposées; & afin qu'en se brisant, cette glace ne fasse pas jaillir des éclats, on la couvre d'une planchette 3, 4, de même grandeur que celle qui la supporte.

L'appareil ainsi disposé, on peut, sans crainte, établir la communication entre l'intérieur de la jarre, qui doit être chargée, & la surface extérieure, ayant néanmoins l'attention de placer un bout de l'excitateur sur la boule opposée à celle qui touche l'extérieur de cette jarre ; alors, l'étincelle étant obligée, pour arriver à la surface de la jarre, de traverser la glace dans son épaisseur, la réduit en poudre.

Si l'étincelle se trouve trop foible, le verre ne se brise pas : mais, on y apperçoit la trace de l'électricité, qui l'a terni, en le rappelant à l'état de chaux de plomb, qui en fait partie. Il pourroit arriver aussi que le verre, destiné à être réduit en poudre, fût trop large, &, dans ce cas, la commotion

I 3

électrique ne produiroit aucun effet; mais., on peut obferver qu'en opérant fur de la glace à miroir l'expérience eft toujours complette.

RÉFLEXIONS *sur les causes de la foudre.*

D'APRÈS nos meilleurs Physiciens, lorsque deux nuages électrisés, l'un en plus & l'autre en moins, se rencontrent ; celui qui contient le plus de matière électrique, tend à se décharger avec violence dans celui qui en contient le moins ; de-là l'éclair & le coup foudroyant.

Il est incontestable qu'avant, nous n'avions que des notions très-vagues sur les causes de l'éclair & de la foudre ; mais aussi il n'en est pas moins vrai que beaucoup de savans ont depuis enrichi la Physique & la Chymie de découvertes bien propres à étendre la sphère de nos idées, sur un des phénomènes les plus imposans de la nature. D'après

I 4

les effets connus des gaz inflammables, de l'acide igné ou gaz déphlogif-
tiqué ; ne seroit-il pas raisonnable de
penser que ces fluides concourent au
coup bruyant ; que l'électricité, par
conséquent, n'est qu'une cause secon-
daire, & que, sans la première, nous
n'appercevrions que des éclairs., sans
jamais entendre le tonnerre ?

On remarque, dans nos laboratoires,
qu'une étincelle électrique, tirée d'une
masse d'eau, occasionne rarement un
grand bruit ; de plus, l'eau, à l'état de
nuage, présentant une multitude de
pointes, qui s'étendent au loin & de
tous côtés, de quelle manière expli-
quera-t-on comment il arrive que ces
pointes ne déchargent point en silence
dans la nature, puisque dans nos cabinets il nous est impossible d'exciter du
bruit dès que l'on approche une de ces
pointes des conducteurs électrisés ?

D'après ces objections , ne seroit-il pas plus vraisemblable d'imaginer que les fluides inflammables, plus légers que l'air atmosphérique & qui s'élèvent continuellement dans les régions supérieures de l'atmosphère , se trouvent quelquefois interposés dans des nuages , & que le fluide électrique, en les traversant pour se mettre en équilibre, tout-à-coup les enflamme ; ils éclatent, & écartent avec violence les nuages environnans ; de-là, l'air frappé subitement occasionne le bruit auquel succède une pluie abondante , qui ne pourroit être causée par l'électricité seule, puisqu'elle se communique à travers les fluides sans les agiter fortement; de-là, la grêle , que M. Sage regarde comme de l'eau privée de son électricité naturelle ; de-là, ces orages abondans à la la suite d'une forte chaleur, qui, d'après les observations du Docteur Ingnhouz,

dégage beaucoup de gaz déphlogistiqué provenant des végétaux ; de-la, il
eſt facile de concevoir pourquoi l'on
entend rarement le tonnerre en hiver ;
pourquoi il ſe rencontre des orages
lorſque la nature eſt prématurée ? Pourquoi le tonnerre eſt ſi fréquent dans les
mois de Juillet, d'Août & de Septembre ?
Pourquoi il ſe fait ſi ſouvent entendre
dans quelques parties des Iſles, tandis
que dans certains pays on le connoît à
peine ? Je ne finirois pas ſi je voulois
rapporter tous les éclairciſſemens que
peut fournir cette nouvelle théorie ;
par conſéquent, je vais me borner à
établir quelques faits qui préviendront
différentes objections.

Concluons donc que le tonnerre n'eſt
occaſionné que par le gaz inflammable,
qui, ſe trouvant dégagé des plantes par
l'action du ſoleil, & ſur-tout lors de leur
fécondation, s'accumule entre les

nuages où il se trouve bientôt enflammé par le fluide électrique.

1°. Les Physiciens conviennent que par plusieurs procédés chymiques on parvient à extraire, de quantité de substances, des fluides infiniment plus volatils que l'air atmosphérique; 2°. qu'ils sont inflammables par le contact d'une étincelle électrique; 3°. que mêlés entre eux ou avec de l'air atmosphérique, ils détonnent avec une violence proportionnée à leur masse; 4°. qu'il a été démontré, par le Docteur Ingnhouz, que le soleil dégageoit, & principalement des plantes, quantités de ces fluides volatils; or, que deviendroient ces fluides dans les régions supérieures? Pourquoi l'électricité perdroit - elle, dans l'atmosphère, cette faculté de les enflammer?

Si tous ces faits sont indubitables, les conséquences en deviennent une suite indispensable.

Derniérement j'oppofai quarante à cinquante pintes d'eau à une demi-bouteille de gaz, après avoir rempli d'eau commune un récipient de machine pneumatique, contenant deux pintes, & garni d'un robinet à fa partie fupérieure; j'introduifis, par l'ouverture de la plan-che, qui eft à la furface de l'eau de la cuve hydro-pneumatique, une demi-bouteille d'air inflammable; puis, par le tuyau recourbé, je fis entrer de l'eau, réduite en vapeurs, à l'aide de léolipyle, qui, comme on fait, acquiert prefque toute l'élafticité de l'air; enfuite, je plongeai doucement & perpendiculai-rement, dans la cuve, le récipient con-tenant les fluides aériformes; je préfen-tai une bougie, elle alluma le phof-phore; alors l'explofion fut fi violente que la cuve en fut brifée, l'eau lancée au plafond, les bougies en furent étein-tes, les vaiffeaux qui étoient fur ma table fracaffés; enfin, la commotion,

l'éclair & le bruit furent presque semblables à celui du tonnerre.

J'engage les Amateurs, qui voudront répéter cette expérience, à s'é-
loigner au moment de l'explosion ; car,
quoique j'eusse prévu qu'il devoit y en
avoir une, je ne m'attendois pas, je
l'avoue, à l'avoir si forte ; il y eut même
une des personnes présentes qui fut re-
poussée à cinq pieds plus loin, & les
autres furent très-effrayées ; néanmoins,
chacun en fut quitte pour la peur, &
bientôt la nouveauté de notre expérience sembla nous dédommager de la
crainte, ou plutôt de la surprise où elle
nous avoit jetés.

EXTRAIT d'un Mémoire contenant une suite d'expériences sur les gaz (1).

S'OCCUPER d'une classe d'hommes utiles & presqu'oubliés, de ces malheureux qui, sur les bords des cloaques infects, peuvent à chaque instant y rencontrer la mort ; chercher les moyens de les en préserver, de retirer de ces fosses dangereuses ceux que le malheur y précipite, n'épargner ni soins, ni peines ; faire nombre d'expériences, de longues & pénibles recherches, exécuter des machines dispendieuses , échouer vingt fois, ne point se rebuter, exposer même sa vie ; tels ont été les

(1) Ce Mémoire n'ayant pas été rédigé pour être mis sous les yeux du public , l'on s'est vu obligé d'en donner un extrait.

[111]

travaux eftimables & les louables intentions de Pilatre de Rozier, Auteur
de ce Mémoire.

La théorie en eft fimple, & la voici :

1°. Le gaz méphitique déplace l'air
respirable, & ne fe combine point
avec lui.

2°. Ce fluide eft nuifible parce qu'il
intercepte la refpiration, qu'il
occafionne la fuffocation, d'où
réfulte l'afphixie.

Voyons maintenant comment l'Auteur s'y prend pour développer cette
théorie & la confirmer :

« Les belles découvertes dont M.
» Marat a enrichi la Phyfique, à l'aide
» de fa méthode d'obferver dans la
» chambre obfcure, m'ont déterminé
» à l'appliquer à la Chymie, perfuadé
» qu'elle me feroit connoître quantité

» de phénomènes qui échappent à la
» groſſiereté de nos ſens ; les ſuccès que
» j'en ai déja obtenu & que je publierai
» par la ſuite , ne laiſſeront point de
» doutes ſur les avantages de cette
» ingénieuſe invention , dont je vais
» donner une idée relativement à mes
» cherches actuelles.

» Après avoir adapté au volet d'un
» appartement , rendu parfaitement
» obſcur, un microſcope ſolaire, garni
» d'une ſimple lentille de ſix à ſept
» pouces de foyer , & d'un pouce &
» demi de diamètre ou environ ; ſi l'on
» place, à huit ou dix pouces du ſommet
» du cône de lumière , deux vaiſſeaux
» (fig. 1 & 2 , planc. ci-contre), con-
» tenans, l'un deux gros de limaille &
» l'autre autant de craie en poudre ;
» qu'enſuite on verſe dans chacun trois
» gros d'acide vitriolique foible, qu'on
» ferme exactement les ouvertures *a a*,
» on appercevra, ſur le mur blanchi,

» ou

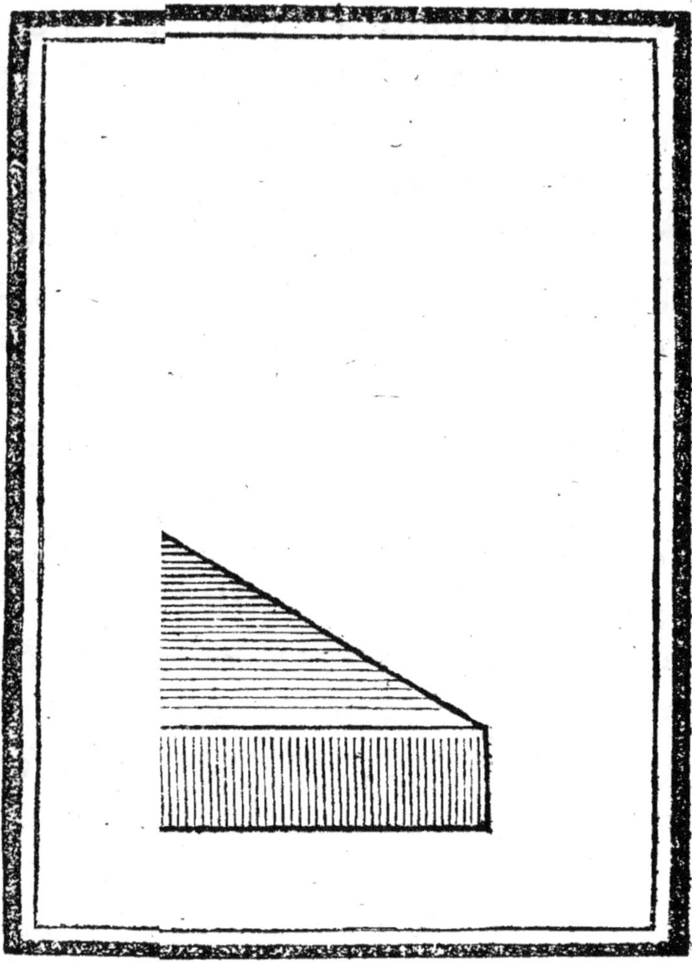

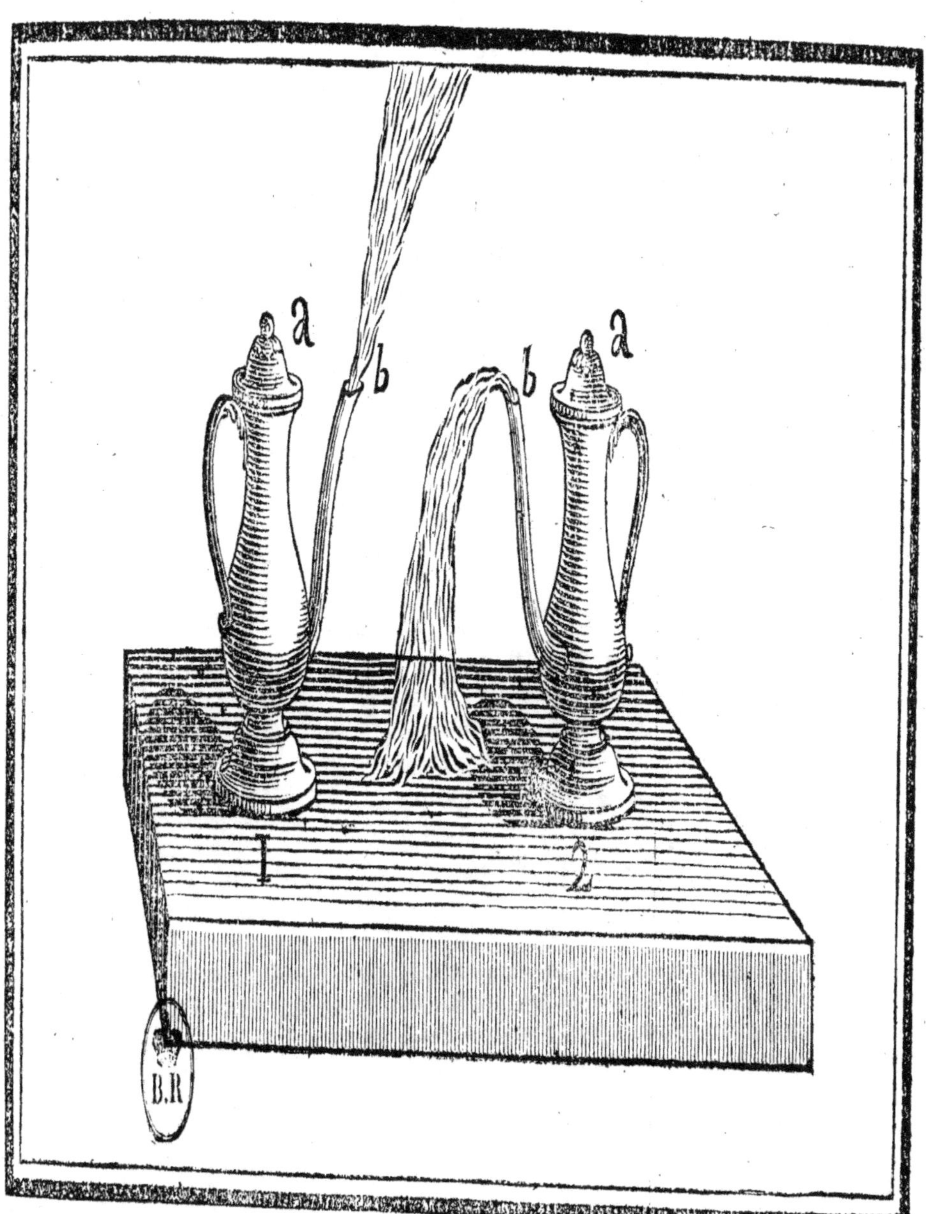

a
b
b
a
B.R

» ou mieux encore fur un chaffis de
» toile très-fine, placé à quinze ou
» vingt pieds, l'ombre que projette-
» ront les fluides dégagés de la limaille
» & de la craie, en s'échappant par les
» ouvertures *b b*.

» Le gaz inflammable s'élévera, fous
» la forme d'un jet ondoyant, avec une
» rapidité incommenfurable ; tandis
» que le gaz acide méphitique defcen-
» dra, femblable à de l'eau qui jailli-
» roit d'une fontaine.

» En tranfvafant ces fluides, les mêmes
» phénomènes auront lieu, & d'une
» manière plus agréable encore, en ce
» que le chaffis fera couvert de nuages
» afcendans & defcendans.

» Il eft à remarquer que le fluide,
» que répandent les corps chauds ou
» en ignition (1), diffère effentielle-

---

(1) L'Auteur nous promettoit l'analyfe de ce
fluide.

K

» ment du gaz méphitique , tant par
» le volume & par son extrême vola-
» tilité, que parce qu'il agit aussi d'une
» autre manière sur l'économie ani-
» male.

» On peut démontrer, par deux ex-
» périences, que le gaz ou acide mé-
» phitique déplace l'air respirable par-
» tout où il se rencontre : la première,
» consiste à verser environ une bou-
» teille (1) de ce fluide dans le cylin-
» dre A (pl. ci-contre, fig. A , B , C,);
» si le robinet B, destiné à établir la
» communication entre les deux cylin-
» dre A, C, est ouvert, le gaz acide
» méphitique s'élévera dans le cylin-
» dre C, en déplaçant un volume d'air
» égal à sa masse ; conséquemment, les
» bougies, qui, avant cette opération,
» brûloient très-bien au fond du cylin-

(1) Valeur d'une pinte.

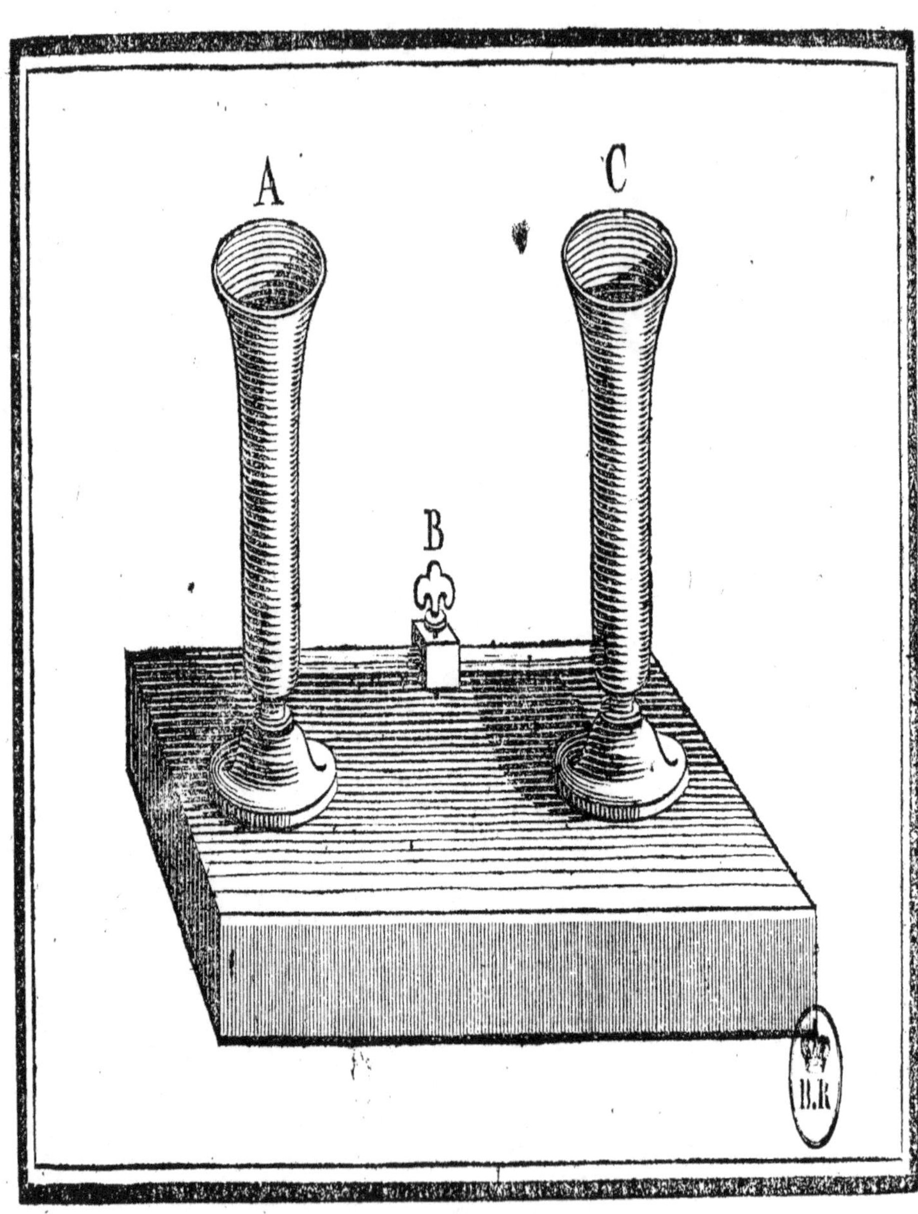

A
C
B

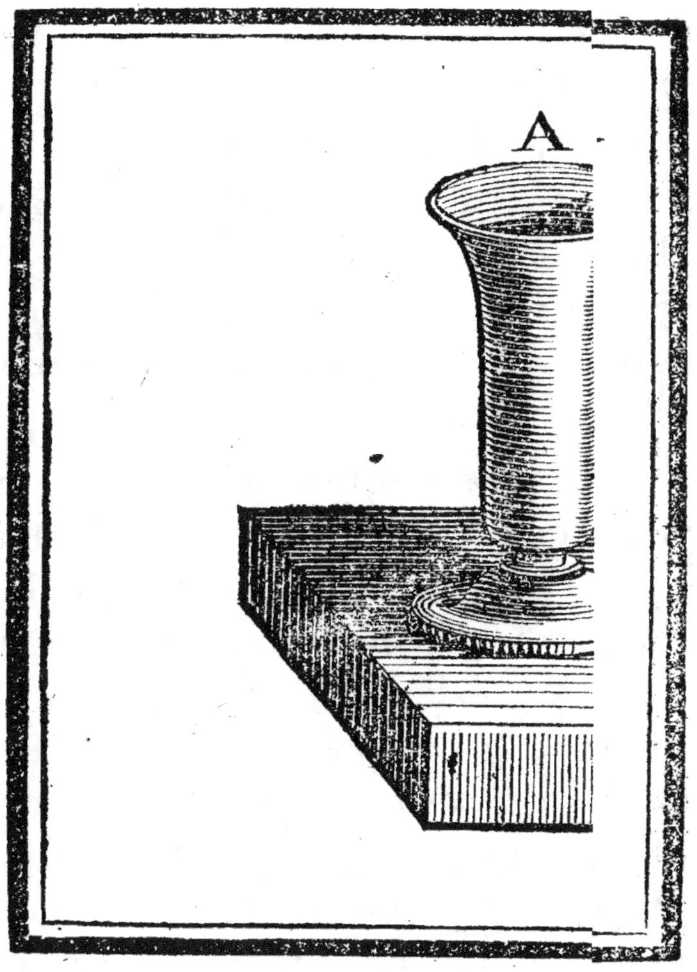
A.

» dre C, s'éteindront aussi-tôt qu'on
» les y plongera.

» Si l'on couvroit l'ouverture du cy-
» lindre C, de façon que l'air atmof-
» phérique ne pût s'en échapper (1), le
» gaz du cylindre A ne s'y introduiroit
» point, même après un laps de tems
» confidérable.

» L'impénétrabilité des corps, ex-
» pliquant cet effet, on me difpenfera
» d'entrer dans aucuns détails là-deffus.
» J'obferverai feulement que dans
» cette expérience, les fluides fe
» mettent parfaitement en équilibre
» dans les deux cylindres, qui, quoi-
» qu'ouverts, confervent l'acide ou gaz
» méphitique plufieurs heures; ce que
» j'ai démontré dans mes féances pu-
» bliques. La même expérience tend

---

(1) On s'eft fervi d'une veffie mouillée.

» auſſi à faire connoître que l'air a peu
» d'affinité avec le gaz méphitique, &
» qu'il ne ſe diſſout pas , à beaucoup
» près, auſſi promptement qu'on l'avoit
» d'abord imaginé. »

C'eſt ainſi que la première propoſi-
tion de la théorie ſur l'air méphitique
fut prouvée : mais la ſeconde exigea
d'autres ſoins ; l'Auteur oſa reſpirer du
gaz acide méphitique (1), il ſentit auſſi-
tôt un léger picottement, une oppreſ-
ſion, l'épiglotte, ſelon lui, fermoit la
glotte , &, quelqu'effort qu'il fît , cet
air ne put prendre la route ordinaire de
la reſpiration ; il ſe trouva forcé à une
ſorte de déglutition qui porta le gaz
dans l'eſtomac ; mais bientôt la chaleur,
raréfiant l'acide , il ne tarda pas d'é-

____

(1) Ce même gaz avoit été eſſayé ſur un
oiſeau qui fut aſphixié en quinze ſecondes.

prouver quelques nausées provoquées par ce fluide, & le reste fut digéré.

Cette expérience ne prouvoit pas néanmoins, d'une manière non équivoque, si l'air méphitique n'étoit point dangereux par sa nature, s'il n'occasionnoit que la suffocation, & si, enfin, il n'étoit pas possible qu'il s'introduisît dans les poumons.

» J'ai respiré, dit l'Auteur, du gaz » ou acide méphitique durant la fer- » mentation, & à l'instant où il se dé- » gage du vin & de la bierre, & j'ai » trouvé qu'il conserve le parfum ou » l'amertume de ces liqueurs.

» Comme mes résultats se trou- » voient contradictoires à ceux du » D. Demeste (1), qui assure que des » poumons asphixiés dans du gaz de

______

(1) Lettres du Docteur Demeste, page 149, premier volume.

» bierre , avoient acquis une faveur
» manifeſtement acide ; j'ai cru devoir
» encore ſuſpendre mon jugement , &
» réitérer les expériences que le Doc-
» teur indiquoit avoir faites ; en conſé-
» quence , MM. Sue (1) , Chappon (2) ,
» & moi profitâmes de la complaiſance
» avec laquelle un Citoyen zélé voulut
» bien ſe prêter à mes recherches (3).
» Lorſque la bierre fut introduite
» de la cuve dans les tonneaux , & que
» nous eûmes reconnu par l'extinction
» des bougies , quatre pieds & demi de
» gaz ou acide méphitique , nous plon-

---

(1) Anatomiſte d'un mérite diſtingué & Profeſſeur au Muſée de MONSIEUR.

(2) Profeſſeur d'Hiſtoire Naturelle au même
Muſée.

(3) Ces expériences ont été faites dans la Braſ-
ſerie de M. Lonchamp du Moulin , les 5 & 8 Janvier , 9 & 27 Février , 21 & 28 Mars , & 6 & 8
Avril 1783.

» geâmes, au fond de cette cuve, des
» lapins, des cochons d'indes, des
» oiseaux & des insectes, en deux mi-
» nutes cinquante-sept secondes, ils
» furent successivement asphixiés; auffi-
» tôt M. Sue en fit l'ouverture; nous
» apperçûmes que le cœur du lapin &
» celui de l'oiseau se contractoient en-
» core, & comme par irritation; ayant
» examiné les poumons, il nous paru-
» rent légérement affaissés & un peu
» livides; néanmoins, nous n'y apper-
» çumes aucuns veftiges d'acide, quoi-
» qu'ils euffent un caractere manifef-
» tement falé. Je jetai des parties de
» ces poumons dans de la teinture de
» tourne-fol, & cette couleur n'en fut
» nullement altérée, malgré fa facilité
» à prendre une teinte rouge par la
» préfence du moindre acide.

» Pour donner à ces expériences
» toute l'exactitude qu'elles méritoient,

» nous les répétâmes fur des animaux
» que M. Sue ouvrit vivant : mais les
» phénomènes ne varierent point.

Afin de laiffer au gaz tout le tems
de s'introduire dans les vifceres & de
leur communiquer fes propriétés, l'Auteur defcendit plufieurs animaux dans
la même cuve, & qui y refterent, étant
afphixiés, environ huit heures : on en
fit l'ouverture, & les poumons n'avoient
acquis aucuns des caractères de l'acide :
d'où l'on voit que l'air méphitique ne
s'introduit pas dans les poumons des animaux, même afphixiés. Il y a plus,
l'alkali volatil, qui eft infiniment plus
léger que l'air ne peut y pénétrer.

» Le D. Demefte, en annonçant
» que l'alkali n'étoit auffi efficace dans
» l'afphixie que parce que pénétrant
» dans les poumons, il y neutralifoit
» l'acide méphitique, avoit fans doute
» oublié, 1°., qu'un animal afphixié
» ne

» ne respire plus ; 2°., que l'alkali
» volatil ne peut descendre dans les
» poumons sans une cause détermi-
» nante ; 3°. que l'attraction entre ces
» fluides ne peut avoir lieu chez les
» asphixiés, puisque l'épiglotte, fer-
» mant la glotte, intercepte toute com-
» munication ; 4°., enfin, l'expérience
» apprend que les animaux asphixiés,
» dans l'alkali volatil réduit à l'état
» gazeux, ne reçoivent dans les pou-
» mons aucun atôme de ce fluide :
» ainsi ; *le syrop de violette ne verdit*
» *point , & la saveur des poumons ne*
» *change point.*

» Quoiqu'il en soit, l'alkali volatil
» est, sans contredit, préférable à tout
» ce qu'on peut mêtre en usage dans
» l'asphixie, même au vinaigre radical,
» qui peut retenir du cuivre en disso-
» lution , & devenir ainsi un poison
» réel. »

L

Une expérience qui prouve nettement que l'air méphitique n'eſt nuiſible que parce qu'il occaſionne la ſuffocation , eſt la ſuivante.

» Les grenouilles, plongées dans
» le gaz méphitique peuvent y reſter
» de quatorze juſqu'à ſoixante &
» même ſoixante & dix minutes avant
» de paroître complettement aſphi-
» xiées ; ſi on leur préſente de l'alkali
» volatil, ou qu'on leur en faſſe pren-
» dre à l'aide d'une petite ſonde, elles
» pourront d'abord ne donner aucun
» ſigne de vie , mais, au bout d'une
» heure, elles ſe ranimeront comme ſi
» jamais elles n'avoient éprouvé de
» ſuffocation. L'alkali volatil pur ,
» qu'on avoit introduit dans la bouche
» de la première grenouille, enflamma
» & cautériſa tellement ſon palais, que
» la mort ſuccéda bientôt à ſa réſur-
» rection. »

[123]

On introduisit aussi des poissons dans
du gaz méphitique, lesquels ne furent
asphixiés qu'après quatorze minutes,
& il s'en trouva qui ne le furent qu'au
bout de cinquante.

» « Si les animaux aquatiques ont la fa-
» culté de pouvoir rester long-tems au
» milieu des gaz ; c'est, 1°., qu'ils sont
» pourvus d'une ouverture qui facilite
» en eux la circulation de l'air, d'un lobe
» des poumons à l'autre ; 2°., que l'air,
» se méphitisant difficilement dans
» leurs poumons, les dispense de res-
» pirer aussi souvent que les animaux
» dont le sang est très-chaud, vu que,
» dans ceux-ci, le sang rejette quantité
» d'effluves, & qu'il faut de l'air pour
» dissiper ces sécrétions.

» Je ne puis encore certifier, dit
» l'Auteur, si lorsque ces animaux sont
» asphixiés, la circulation est totale-
» ment suspendue ; comme ils sont na-

» turellement froids, ne pourroit-on
» pas imaginer que, le mouvement
» vital ne ceſſant pas entiérement, l'air
» devient le ſtimulant qui ranime le
» jeu des poumons? Au reſte, l'état
» froid, qu'on ſuppoſe à cette claſſe
» d'animaux, n'a vraiſemblablement
» été examiné que par comparaiſon ;
» puiſqu'il paroît démontré que les
» plantes mêmes ne ſont pas dépourvues
» de chaleur, quoique la circulation
» des fluides y ſoit infiniment plus
» lente (1) encore. On fit plus, on
» plongea des inſectes dans du gaz mé-
» phitique, & ils ne parurent avoir
» éprouvés, même après pluſieurs heu-

---

(1) J'eſpere, dit ici l'Auteur, publier dans peu
la traduction d'un Mémoire ſur la chaleur animale,
par M. Solinger, en réponſe à celui du Docteur Craſsfort.

» res, qu'une espece d'engourdisse-
» ment. »

De tous ces faits, il est certain que
l'on doit conclure que le seul désordre
que puisse apporter l'air méphitique,
dans l'économie animale, est la suffocation; mais, pour se convaincre entiérement de cette vérité, l'Auteur redoubla
d'expériences; il a injecté des poumons
humains avec du gaz acide méphitique;
il les a laissés en cet état pendant huit
jours; au bout de ce tems les vaisseaux
& les membranes parurent desséchés;
le tout sembloit n'en être plus que la
huitieme partie : mais bientôt plongés
& flottés dans de l'eau pure, ces poumons reprirent leur élasticité primitive;
ils furent ensuite examinés au mycros-
cope, & l'on n'y apperçut aucune trace
d'érosion.

Nous croyons devoir passer sous silence plusieurs expériences de même

L 3

nature que celles dont nous venons de parler, & qui, conséquemment, n'a-jouteroient rien au développement de la théorie dont il s'agit ; nous nous contenterons de rapporter la suivante.

« Un mélange d'eau de chaux &
» de fel amoniac à l'état falin, jettés
» à diverfes dofes ; ayant été placé
» au fond d'une cuve pleine d'acide
» méphitique, il ne s'évapora pas
» un atôme d'alkali volatil : mais
» à peine retiré, l'on apperçut qu'il
» s'en dégageoit une très-grande quan-
» tité ; on l'y replongea de nouveau,
» l'évaporation ceffa, & conftamment
» autant de fois que l'on réitéra la mê-
» me expérience, on obtint les mêmes
» effets, dont la caufe paroît dépendre
» de l'abfence de l'air refpirable. Or,
» il eft démontré qu'il ne fe fait aucune
» combinaifon dans le vuide, à moins
» qu'on ne prétende que la chaux a

» plus d'affinité avec l'acide méphiti-
» que qu'avec l'acide marin, qui fait
» partie du sel amoniac ; encore cette
» explication seroit-elle insuffisante. »

Une personne avoit avancé que ce qui donnoit la mort, soit à l'ouverture, soit dans l'intérieur des fosses d'aisances, étoit, non le gaz méphitique, mais le gaz inflammable qui s'y rencontre quelquefois ; pour être parfaitement instruit de ses effets, notre Physicien osa courir le danger d'en respirer, malgré les assertions publiques de M. l'Abbé de Fontana, qui dit : qu'ayant respiré du gaz inflammable, à la troisieme fois les objets s'obscurcirent à ses yeux, les forces lui manquerent, qu'il tomba sur ses genoux & ensuite à terre, quoiqu'il eût tenté de respirer de l'air atmosphérique dès qu'il se sentit mal ; qu'il revint néanmoins sans secours : mais qu'il lui resta une incommodité dans les pou-

[128]

mons qui s'eſt continuée juſqu'au lendemain (1). Ces réſultats étoient faits pour
effrayer, ſans doute ; mais, encouragé
par les ſuccès précédens, eſpérant faire
quelques découvertes heureuſes, M.
Pilatre, oſa tout tenter.

« Malgré ce récit effrayant, dit-il,
» j'introduiſis, dans une veſſie, environ
» ſix pintes de gaz inflammable, que
» j'aſpirai & expirai ſix à ſept fois de
» ſuite dans la même veſſie : mais ayant
» fait une forte aſpiration, j'expirai
» enſuite par un tube de verre, & lan-
» çai ce fluide à la lumiere d'une bou-
» gie ; à l'inſtant il ſe convertiſſoit en
» un jet de flamme verte, de pluſieurs
» pouces de longueur, qui embraſoit
» le papier, le bois & tous les corps
» combuſtibles ſur leſquels je ſouflai ;

------

(1) Journal de Phyſique , 1780.

[129]

» comparable alors aux furies, je dar-
» dai de ce fluide jufqu'à ce que j'eus
» confommé tout ce qui s'étoit intro-
» duit dans mes poumons. Quoique
» j'aie répété cette expérience bien des
» fois, même en préfence des Grands
» de la Cour (1), des Seigneurs & des
» Savans ; je n'ai jamais éprouvé d'autre
» incommodité qu'un grand défir de
» refpirer (2).

---

(1) Madame & Monfeigneur le Duc de Chartres ont exigé que cette expérience fût répétée
jufqu'à trois fois de fuite. *Note de l'Auteur.*

(2) Un naturalifte connu, M. Faujas de Saint-
Fond, a répété cette expérience, en afpirant une
quantité de ce gaz inflammable, & l'expirant fous
la forme d'un jet de flamme ou fous celle de bulles
de favon, lefquelles font explofion par le contact
de la lumiere ; comme dans ce dernier cas on eft
obligé de retenir très-long-tems la refpiration,
M. Faujas refpire l'air atmofphérique par le nez,
il l'expire par la bouche. *Note de l'Auteur.*

» Quoique ce fluide se rencontre
» rarement dans les fosses d'aisances
» & dans les lieux infects qui ne sont
» pas exposés au midi, sur-tout lors-
» qu'ils ont quelque communication
» avec l'atmosphere ; il est néanmoins
» intéressant de prévenir contre les pré-
» jugés que des analyses trop précipi-
» tées ont fait naître ; il me paroît in-
» dubitable que ce soit le gaz inflam-
» mable qui frappe si vivement ceux
» qui levent la clef des fosses d'aisan-
» ces , puisqu'il occupe toujours la
» partie supérieure des voûtes : mais
» son extrême volatilité doit suffire
» pour préserver des dangers qu'il
» pourroit occasionner. On se souvient
» que dans la premiere expérience (1)
» il tendoit à s'évaporer avec subtilité;
» si nous joignons à ces faits celui que

____

(1) Page 99, ci-devant.

» nous venons de rapporter, qui prouve
» que ce fluide n'empêche pas les bou-
» gies de brûler, mais qu'il s'enflamme
» par le contact de la lumiere, on aura
» la preuve convaincante qu'il n'est
» pas aussi dangereux qu'on l'avoit af-
» furé.

» J'ai respiré quarante-quatre fois
» de suite du gaz inflammable, enfer-
» mé dans une vessie, sans qu'il ait
» perdu aucune de ses propriétés com-
» bustibles ; tandis que l'air respirable
» avoit acquis, par le même procédé,
» tous les caracteres de l'acide méphi-
» tique (1). Enfin, j'enflammai un mé-
» lange de gaz & d'air atmosphérique,
» qui, après l'avoir respiré trente fois,

____

(1) L'air respirable, converti en gaz méphitique,
offre un problême qui n'a pas encore été résolu
d'une maniere satisfaisante. *Note de l'Auteur.*

» a brûlé à la maniere du gaz des ma-
» rais. »

Venons maintenant aux résultats, &
écoutons l'Auteur lui-même.

« De tous ces faits il s'ensuit, qu'en
» se comportant, au milieu des gaz,
» avec les précautions nécessaires pour
» se garantir de quelques effets dange-
» reux, qu'on éprouveroit également
» au fond de l'eau ; les succès seront
» j'ose dire certains, 1°. parce que ces
» fluides sont rarement aqueux au
» point de mouiller ; 2°. parce qu'ils
» n'opposent presque aucun effort en
» raison de leur pesanteur ; 3°. parce
» qu'enfin rien n'empêche qu'on n'y
» puisse opérer les yeux ouverts. Mais,
» pour mettre ces vérités dans toute
» leur évidence, nous allons comparer
» l'état des asphixiés , dans les gaz,
» avec celui des noyés ; nous examine-
» rons ensuite si les moyens curatifs

» sont efficaces dans l'un & dans l'autre
» cas; enfin, si l'application de l'appa-
» reil que je vais décrire offrira les
» mêmes ressources aux plongeurs
» qu'aux personnes qui voudront se-
» courir les asphixiés.

» Il est incontestable que des quatre
» especes de suffocations, il n'en est
» aucune qui n'ait pour cause premiere
» la privation de l'air atmosphérique,
» arrêté dans les poumons; d'où résulte
» l'engorgement, qui souvent se pro-
» page vers le cerveau, alors la tumé-
» faction du visage & sa couleur livide
» annoncent l'apoplexie à laquelle
» succede bientôt la mort, si l'on ne
» rétablit pas promptement l'action des
» poumons & la circulation du sang
» qui tend à se coaguler. Telles sont les
» funestes suites de la strangulation, &
» de la présence d'un corps étranger,
» arrêté au-dessus de la glotte; telle est

» la cauſe qui fait que les Nègres ſe
» donnent la mort, lorſque renverſant
» leur langue, ils l'obligent à s'appli-
» quer aux arrieres narines, & de ſuite
» à fermer la glotte.

» L'air reſpirable étant un fluide in-
» diſpenſable à la vie, il s'enſuit né-
» ceſſairement que tout milieu qui en
» en ſera privé, ſera d'autant plus
» contraire à l'exiſtence des animaux
» qu'ils en feront une plus grande con-
» ſommation ; de-là, on conçoit aiſé-
» ment que l'homme, plongé ſous l'eau,
» ne tarde pas à être ſuffoqué, ne trou-
» vant pas au fond de cet élément une
» quantité d'air néceſſaire au jeu de
» ſes poumons ; le ſang bientôt s'accu-
» mule dans les ventricules, s'y coagu-
» le, la circulation s'arrête, le corps
» ſe refroidit, & toutes les fonctions
» vitales ceſſent.

» Les caractères extérieurs qui in-

» diquent qu'un homme eft noyé font
» encore à-peu-près les mêmes que
» ceux occafionnés par la ftrangula-
» tion.

» La petite portion d'eau, qu'on
» trouve dans l'eftomac d'un noyé,
» étant bien inférieure à celle qu'un
» homme peut boire pour fe défaltérer,
» ne peut jamais être la caufe de l'af-
» phyxie ; auffi eft-ce depuis qu'on porte
» par-tout le flambeau de l'expérience,
» qu'on n'a plus recours à cette cou-
» tume barbare qui exigeoit qu'on ren-
» versât perpendiculairement les noyés,
» fous prétexte de leur faire rendre
» l'eau qu'ils avoient avalé. Je dirai
» plus, mes obfervations me détermi-
» nent à croire qu'on ne trouve de l'eau
» que dans les poumons des hommes
» fubmergés depuis long-tems ; dans
» ce cas, les petites portions d'air qui
» reftoient dans les poumons, en fe dé-

» gageant, soulevent l'épiglotte, qui,
» ayant perdu sa force résistible, per-
» met à l'eau de tomber dans les pou-
» mons par le seul effort de sa pesanteur
» spécifique.

» Les seuls moyens curatifs qui pour-
» ront rappeler les noyés à la vie, se-
» ront tous ceux qui donneront de la
» fluidité au sang en même-tems qu'ils
» dilateront les poumons ; la chaleur,
» l'agitation en tous sens, les frictions
» chaudes sur la poitrine & l'estomach,
» soit avec des linges ou des flanelles im-
» bibées de liqueurs spiritueuses ; voilà
» les seuls moyens qui, jusqu'ici, ont
» eu une efficacité certaine ; de légeres
» insufflations d'air chaud dans les pou-
» mons, des liqueurs stimulantes pré-
» sentées aux narines, des sternutatoires
» sur-tout, ont ressuscité une infinité
» de noyés. On sait que M. Pia est l'un
» des citoyens qui a rendu les plus
» grands

» grands services à cette partie de la
» Médecine.

» Si maintenant nous jetons un coup-
» d'œil sur ce qui arrive aux personnes
» asphyxiées par les fluides aériformes,
» nous reconnoîtrons bientôt les sym-
» ptômes extérieurs ; & si nous com-
» parons les moyens curatifs employés
» pour rappeler à la vie les noyés &
» les asphyxiés par le méphitisme ;
» l'identité du succès apporte une nou-
» velle preuve à la certitude de la
» théorie que j'avance. »

Dans les expériences précédentes nous
avons observé que les poissons, les animaux aquatiques, & en général tous ceux
qui n'ont besoin que d'une très-petite
quantité d'air pour respirer, peuvent
vivre très-long-tems au milieu des gaz,
& que plusieurs mêmes n'en ont été que
légèrement incommodés ; d'où l'Auteur
conclut que les grands plongeurs, &

tous ceux qui pourront s'abstenir de
respirer autant de tems qu'ils resteront
dans le gaz méphitique, ne courront
aucun danger ; & il ajoute :

« Convaincu par les tentatives in-
» diquées, & par beaucoup d'autres
» que je ne pourrois détailler, sans
» devenir prolixe, que l'acide crayeux
» ou méphitique ne nuit que parce
» qu'il intercepte l'air respirable ;
» je me suis plongé dans une cuve,
» ayant la tête recouverte de trois
» pieds de fluide aériforme, & je
» demeurai dans cet état autant qu'il
» me fut possible de retenir ma respi-
» ration ; je parlai même avec aisance
» & sans éprouver le moindre accident:
» d'où j'infère que les plongeurs, fe-
» ront plus à l'aise dans ce fluide que
» dans l'eau ; qu'ils pourront par con-
» séquent secourir les asphyxiés sans
» craindre les suites d'une démarche que

» le courage ou l'humanité leur auront
» fait entreprendre. De tous les fluides
» aériformes, j'excepterois néanmoins
» ceux que répandent les matieres en
» putréfaction & le charbon en igni-
» tion , qui différent essentiellement
» & agissent d'une autre maniere sur
» l'économie animale.

» S'il est prouvé, par mes obser-
» vations, que presque tous les gaz
» ne sont dangereux que parce qu'ils
» interceptent l'air ; il s'ensuit qu'un
» procédé mécanique, qui établiroit
» une communication entre les pou-
» mons & l'air respirable, permettroit
» à l'homme de rester au milieu de ces
» fluides, & offriroit conséquemment
» un moyen d'arracher à la mort les
» infortunés qui auroient été surpris
» dans des lieux infects. »

Cette solution, comme on le pense
bien, ne fit qu'encourager M. Pilatre,

& loin de s'arrêter en ſi beau chemin, plus actif que jamais, il cherche quel pourroit être cet appareil qui auroit l'avantage de conduire l'air & donne-roit les moyens de reſpirer au milieu des fluides méphitiques. Ayant la cer-titude que les noyés, comme les aſ-phyxiés, dans les gaz, ſont ſuffoqués par la même cauſe, c'eſt-à-dire, par le manque d'air; il tourna ſes vues du côté des machines, inventées juſqu'à préſent, pour demeurer & agir au fond de l'eau, ſans être privé de reſpirer. On ſent bien que la cloche du plongeur ne fut pas oubliée, qu'elle ſubit une autre forme, & fut modifiée de bien des manieres : mais ſon volume, le tems qu'exige la préparation de cet inſ-trument, & mille autres inconvéniens, contraignirent d'y renoncer. Alors on eut recours à de légers tuyaux, que les plongeurs Anglois ont tenté de mettre

en ufage, & qui conduifent l'air atmof-
phérique de la furface de l'eau dans la
la bouche de celui qui eft deffous ; ces
nouveaux conduits furent encore mo-
difiés diverfement; enfuite il en fallut
deux, l'un pour afpirer & l'autre pour
expirer ; expériences fur expériences,
& toujours infructueufes ; nouvelles
foupapes inventées ; on s'expofoit au
milieu des fluides méphitiques, & bientôt on étoit renverfé par la vapeur meur-
triere ; effais infructueux, nombre d'ap-
pareils, de machines difpendieufes, le
défagrément de voir échouer toutes fes
tentatives, rien ne put arrêter M. Pilatre de Rofier ; perfuadé qu'il parvien-
droit à couronner fon projet, il en étoit
fans ceffe occupé, il y penfoit le jour,
il en rêvoit la nuit ; le croiroit-on ? (un
rêve, dit-il, me fufcita l'idée ingé-
nieufe qui m'a fait réuffir) il fe crut
en fonge au milieu des émanations mé-

phitiques, oppreſſé, agité, il ſe tour-
mente, il deſire, il a beſoin de reſpirer ;
il croit tenir un tube dans ſa main ; il le
place à l'ouverture du nez, il penſe
reſpirer par ce tube & rendre l'air par
la bouche ; il ſe trouve plus à l'aiſe, il
s'éveille, il ſe leve, exécute ſon appareil, le met en uſage & réuſſit.

Telle eſt la marche du génie, il ne
s'arrête qu'après avoir remporté le
prix (1) : on ſe doute bien qu'une invention utile & ſimple n'a pas manqué
de contradicteurs ; c'eſt parmi nous le
ſort, diſons mieux la preuve du mérite.

Néanmoins, la ſeule objection rai-
ſonnable & vraiment ſpécieuſe qui ait
été faite, eſt celle-ci : un léger oubli

---

(1) Cet appareil, que M. de Rozier nomme
reſpirateur, eſt décrit ci après.

dans la maniere de respirer pourroit être dangereux, a-t-on dit ; cela est vrai : cependant on répondroit qu'il se rencontre mille circonstances où l'on court un aussi grand danger, & pour des motifs moins importans. Celui d'arracher un homme à la mort mérite sans doute quelqu'attention ; &, si l'on daigne réfléchir que les plongeurs sont parvenus à rester très-long-tems sous les eaux, que les matelots mâchent & par goût du tabac, que les turcs par plaisir prennent de l'opium, certaines personnes de l'arsénic (1), d'autres, enfin, du sublimé corrosif ; on conviendra sans doute qu'il seroit possible & très-vraisemblable que par la suite on pût se familiariser avec les précautions qu'exigent les fluides aériformes. Avant que

____

(1) Les Allemands en font usage pour certaines fievres.

M. de Rozier eût tenté ces expériences, on regardoit comme impossible de rester au milieu des émanations méphitiques, & cependant il a non-seulement respiré plusieurs fois de ce gaz, & est descendu dans des cuves pleines d'acide crayeux ; mais encore, à l'aide de son respirateur, il s'est plongé plusieurs fois au milieu des gaz méphitiques ; il est descendu dans un puits où un ouvrier venoit d'être renversé, & y a resté environ trois quarts d'heures ; il n'a pas craint, le 21 mars 1785, de se coucher au fond d'une cuve, où il avoit plus de trois pieds d'acide ou air méphitique au-dessus de sa tête ; &, cette fois, moyennant son appareil, il y a resté, en présence de MM. Macquer, Leroy cadet, & Bertholet, Membres de l'Académie Royale des Sciences (1),

---

(1) Extrait du rapport de MM. les Académiciens ci-dessus nommés.

trente-quatre

» trente-quatre minutes , pendant lef-
» quelles il parloit librement & affez
» long-tems de fuite, il ne paroiffoit
» aucunement fatigué , a offert d'y
» refter beaucoup plus long-tems , &
» enfin, il n'en eft forti que parce
» que nous l'en avons prié. »

Il feroit à fouhaiter que le Gouvernement, qui veille fans ceffe aux be-
foins de la Société, daignât s'occuper
de cet objet. D'ailleurs, cet appareil
eft fi fimple, la maniere de s'en fervir
fi facile, que le premier individu peut
en faire ufage. L'on a établi des corps
de pompes pour les incendies, & des
hommes eftimables pour les difpofer &
les mouvoir; il eft à croire que ces gé-
néreux citoyens, qui tous les jours ex-
pofent leur vie fous un toit embrafé,
s'engageroient avec joie à de nouveaux
moyens d'être utiles. Eh ! quel eft
l'homme qui ne s'expoferoit pas pour
fecourir fon femblable !

N

RESPIRATEUR ou appareil, par le moyen duquel on peut defcendre dans les lieux infects.

Nous venons de parler d'un tube ou conduit, qui s'adaptoit au nez & facilitoit la refpiration, en établiffant une communication entre l'air atmof-phérique & la perfonne qui fe trouve au fond d'un cloaque. Ce tube (voyez la planche ci-jointe) eft en taffetas gommé (1), garni d'un fil de laiton qui ferpente intérieurement, & qui le main-tient dans la forme cylindrique, quel-que détour qu'on foit obligé de lui faire prendre. Par ce moyen, on ne craint point que ce léger conduit puiffe

---

(1) On parle ici de ce taffetas, enduit de gomme, dont on fait aujourd'hui des capotes pour fe garantir de la pluie.

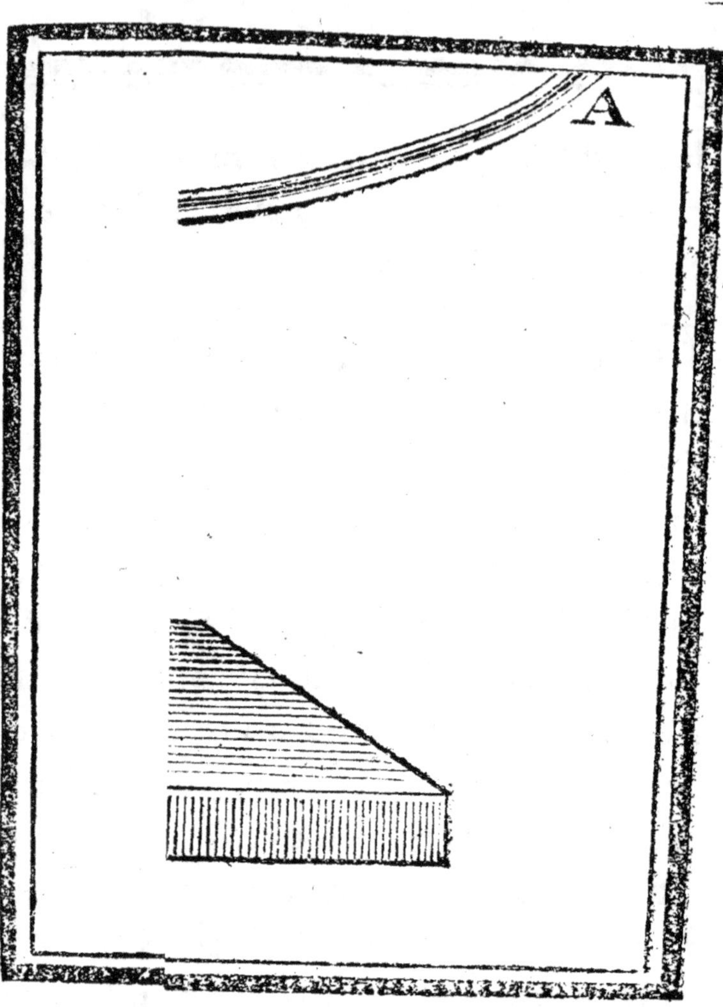

A

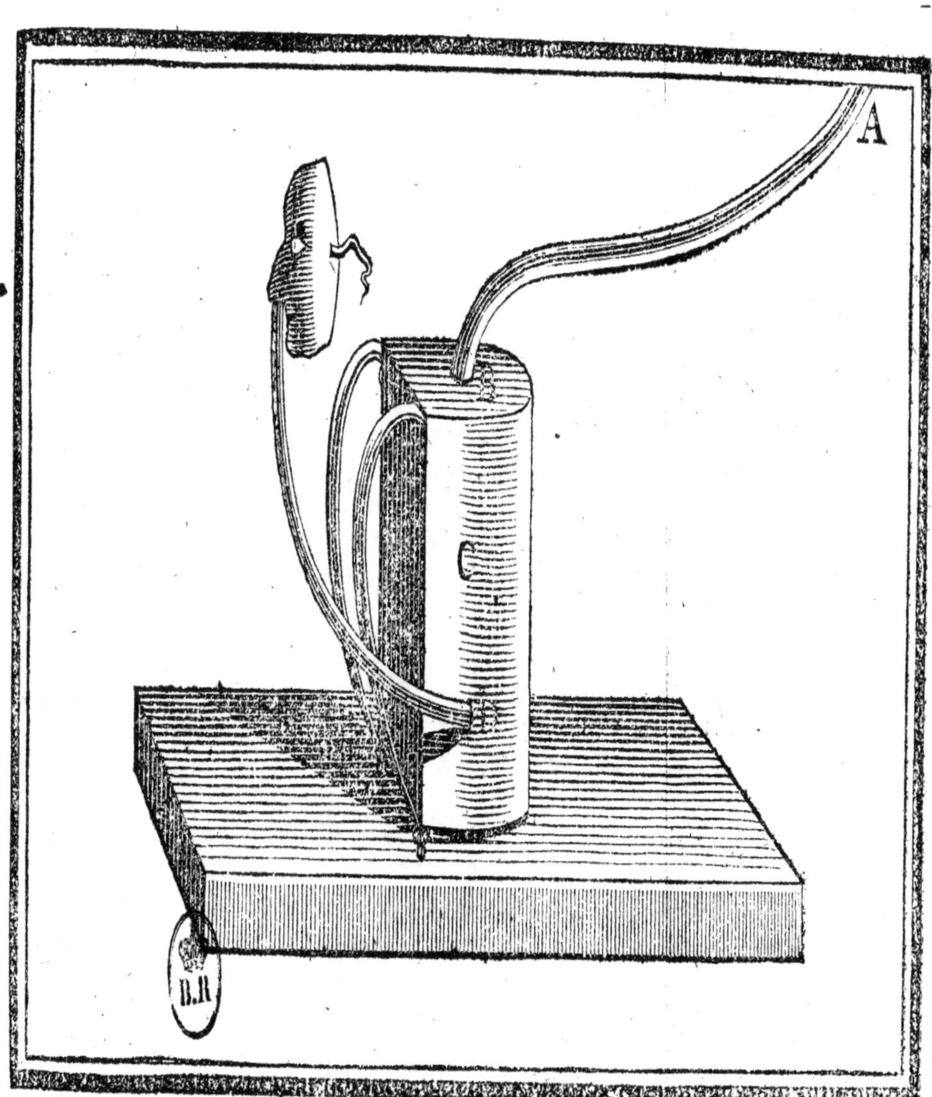
A

se fermer dans ses contours & inter-
cepter l'air atmosphérique. Il est divisé
en parties égales par de petits cercles
de cuivre qui peuvent se visser l'un a
l'autre ; ce qui en facilite le transport
& en accélere la disposition.

Au dehors du cloaque en **A**, à une
distance où l'on juge que l'air est respirable, on arrête le bout supérieur du
tube, dont la suite se continue & descend à travers les émanations jusques
en **B**, dans un petit réservoir d'air, **C**,
ou boîte de fer-blanc, que celui qui
opere porte derriere le dos. Par un des
côtés de ce réservoir, en **D**, sort un
autre conduit, semblable au premier,
& qui va s'adapter, à l'aide d'une vis,
au nez d'un masque, dont les yeux sont
garnis de verre & les bords de peau
velue, afin qu'il ne puissent blesser celui
qui le porte.

Toute l'attention de celui qui se re-
vêt de l'appareil, doit être d'aspirer
par le nez & d'expirer par la bouche,

en laiffant échapper l'air au milieu des
gaz.

Si l'on vouloit opérer dans les fluides
aqueux, il feroit alors néceffaire d'a-
jouter à ce premier appareil un habit
ou fcaphandre en taffetas impénétrable
à l'eau, du même que celui dont nous
venons de parler, & par ce moyen on
fe garantiroit du contact de tous les
fluides.

Il eft facile d'appercevoir que ce procédé offre les moyens de fe plonger
fous l'eau, & de fecourir les noyés
comme les afphyxiés.

Les tentatives qui ont été faites à ce
fujet, ont répondu parfaitement à ce
qu'on défiroit ; & il y a lieu de préfumer, qu'à l'avenir, plus d'une victime,
échappée à la mort, devra la conferva-
tion de fon être aux travaux eftimables
de M. Pilatre de Rozier.

FIN